Thiesen · Mit allen Sinnen spielen

Wahrnehmung ist die Grundlage aller Erkenntnis.
(Aristoteles, 384–322 v. Chr.)

Erfahrung ist eine verstandene Wahrnehmung.
(Immanuel Kant, 1724–1804)

Seele und Körper bilden eine funktionelle Einheit
bei gleichzeitig gegensätzlicher Beziehung.
Beide funktionieren auf der Gundlage biologischer
Gesetze. Die Abänderung dieser Gesetze ist
eine Folge sozialer Umwelteinflüsse.
(Wilhelm Reich, 1897–1957)

Wer viel erlebt, dem wird mehr einfallen.
(Frederik Vester, geb. 1925)

Peter Thiesen

Mit allen Sinnen spielen

Wahrnehmungsförderung in Kindergarten,
Grundschule und Familie – über 200 Spielideen

2. Auflage

Beltz Verlag · Weinheim und Basel

Peter Thiesen, Jg. 1952, Diplom-Sozialpädagoge. Er ist Dozent an der Fachschule für Sozialpädagogik in Lübeck und hat sich als Autor und Herausgeber von Standardwerken zur Spiel- und Sozialpädagogik einen Namen gemacht.

2., neu ausgestattete Auflage 1997

Lektorat: Richard Grübling

Herstellung: Erich Rathgeber, Weinheim
Satz: Satz- und Reprotechnik GmbH, Hemsbach
Druck: Druckhaus »Thomas Müntzer«, Bad Langensalza
Umschlaggestaltung: Federico Luci, Köln
Umschlagzeichnung: Peter Thiesen, Lübeck
Zeichnungen: Florian Thiesen, Lübeck
Printed in Germany

ISBN 3-407-62376-3

Inhaltsverzeichnis

Praxis

Vorwort

Unsere geistige Entwicklung hat ihre Grundlage in der Wahrnehmung. Damit Kinder sich mit ihrer Lebenswirklichkeit auseinandersetzen können, müssen sie in der Lage sein, aufmerksam wahrzunehmen. Nur so gewinnen sie Informationen, die ihnen helfen, sich in ihrer Umwelt zu orientieren und angemessen zu verhalten.

Die Wahrnehmungswelt des kleinen Kindes ist noch durch einen Mangel an räumlichen, zeitlichen und kausalen Orientierungsmöglichkeiten gekennzeichnet. Im Laufe der Entwicklung erfährt das Wahrnehmungssystem eine fortschreitende Spezifizierung. Je älter wir werden, um so mehr scheint die Wahrnehmung an Bedeutung zu verlieren. Die von unseren Sinnen gelieferten Informationen bleiben im Laufe der Entwicklung relativ konstant. Defizite in der Wahrnehmungsfähigkeit beeinflussen nachhaltig das Fühlen, Denken und Handeln eines Kindes.

In unserer von audiovisuellen Medien beherrschten Zeit drohen die Sinne und das Wahrnehmungsvermögen der Kinder immer mehr zu verarmen. Die Sinne der Haut, der Koordination und des Gleichgewichtes, die das Körpergefühl wesentlich mitbestimmen, sind durch ständige Unterforderung geschwächt. Vor allem Großstadtkinder erleben die Welt häufig durch die Scheibe: die Fensterscheibe, das Schaufenster, die Mattscheibe des Fernsehers und dic Autoscheibe. Sie erleben bzw. erfahren, ohne selbst genügend handeln zu können.

Wahrnehmungsstörungen sind in Kindergärten und Grundschulen zu einem zentralen Thema geworden. Die Pädagoginnen und Pädagogen beobachten verstärkt Kinder mit unausgeprägter Körperwahrnehmung, unkoordinierten Bewegungen, Lese-, Rechtschreib- und Rechenschwäche, die sich in Frustration und Aggression äußern. Zudem führen Dauerberieselungen über Fernsehen, Videos, Computerspiele und Walkman bei vielen Kindern dazu, daß sie weniger aggressive Reize nicht mehr wahrnehmen.

Pädagogen und Eltern haben die Möglichkeit, Kindern zu einer differenzierten Wahrnehmung zu verhelfen, indem sie ihnen Reize und Möglichkeiten zum selbständigen Sammeln von Erfahrungen anbieten. Im Kindesalter vollzieht sich die Wahrnehmung der Umwelt im Aktivsein, vor allem in der Form des Spiels. Wahrnehmungsspiele, Körperübungen und psychomotorische Bewegungsangebote gehören in den Kindergarten ebenso wie in den Grundschulvormittag. Sie unterstützen den Prozeß der Gewöhnung und helfen so dem Kind, mit Einzelheiten seiner näheren Umgebung und seiner erweiterten Umwelt vertraut zu werden. Wahrnehmungsspiele intensivieren die Aufmerksamkeitshaltung, stärken Konzentration und Gedächtnis und vertiefen das Vorstellungsvermögen des Kindes. Durch den Einsatz gezielter Spielangebote können wir das Kind motivieren, seine geistigen Handlungen und psychomotorischen Aktivitäten kontinuierlich zu erweitern und auszubauen. Wahrnehmungsförderung ist eine sinnvolle Entwicklungshilfe für alle Kinder im vorschulischen Bereich. Gleichzeitig beeinflußt sie positiv die Voraussetzungen für schulisches Lernen.

Damit wir uns als Erwachsene, die Kinder in ihrer Wahrnehmung fördern wollen, der eigenen »Körperlichkeit« besinnen, führt das Buch im theoretischen Teil kurz zu den grundlegenden Gewißheiten unserer Wahrnehmung zurück. Er soll bewußtmachen, daß die spielerische Übung der Wahrnehmung auch immer ein ganzheitliches Training körperlicher Funktionen bedeutet.

Dieses Arbeitsbuch versteht sich als »Werkzeug und Stoffsammlung« für die tägliche pädagogische Praxis. Seine Angebote orientieren sich am Erfahrungsraum, den Bedürfnissen und motorischen Fertigkeiten der Kinder vom Kindergartenalter an und lassen sich nach Intention der Pädagoginnen und Pädagogen zusammenstellen und in den Tagesablauf einbauen.

Danke, lieber Florian, für Deine schönen Zeichnungen.

Peter Thiesen

Grundlagen

Für Florian
und Felix

1. Antennen für die Umwelt – Sinnesorgane als Grundlagen der Wahrnehmung

Um sich in der Umwelt zurechtzufinden und um gesund zu bleiben, benötigen wir unsere Sinne. Seit undenklichen Zeiten werden dem Menschen fünf Sinne zuerkannt: Seh-, Gehör-, Geschmacks-, Geruchssinn und Hautsinne. Dies ist schon ein erstes, einfaches Organisationsmerkmal für die Wahrnehmung. Ebensogut kommt man auf mehr als dreimal so viele Sinne, wenn man sie noch weiter spezifiziert.

Die nötige Übereinstimmung zwischen Körperinnerem und der Umwelt ist durch ein System möglich, das die Umweltveränderungen registriert und die Informationen an die Organe weitergibt, die die Körperfunktionen steuern. Die für die Wahrnehmung spezifischen Zellen nennt man *Rezeptoren*. Obwohl einige von ihnen in der Lage sind, sogar kleinste Erregungen wahrzunehmen, scheinen wir Menschen uns nicht in so vielen Sinneswelten zu empfinden. Unsere Sinnesorgane sind begrenzt leistungsfähig und nehmen nur einen Teil von dem auf, was in der Realität tatsächlich existiert. Dennoch sind sie in ihrer Anlage außerordentlich kompliziert und sehr empfindlich. Sie sind die »Empfangsantennen«, mit denen wir die Außenwelt zu uns hereinholen, mit denen wir die *Reize*, die in der Außenwelt entstehen, wahrnehmen können. Sie bilden die Grundlage für unsere Beziehung zur Umwelt. Reize können auch Energien aus dem Körperinneren sein, die auf unsere Sinnesorgane einwirken. Sie lösen eine bestimmte *Empfindung* aus, was wiederum von der Reizstärke und von der Art des Sinnesorganes abhängt.

Wir können unsere Sinnesorgane durch willkürliche Lenkung der Aufmerksamkeit bewußt einsetzen. Man kann sich bewußt darauf einstellen, etwas hören oder sehen, riechen oder schmecken zu wollen. Ebenso können die Sinne unbewußt reagieren, wenn sie unerwartet ein Reiz trifft.

Bei Konzentration auf einen bestimmten Punkt, etwa beim Nachdenken über ein schwieriges Problem, können wir ein Sinnesorgan oder mehrere »abschalten«. Wir nehmen dann nichts mehr wahr, obwohl der Reiz unser Sinnesorgan weiterhin mit der bisherigen Intensität trifft. Die Einstellung auf ein bestimmtes Erlebnis kann so den Wahrnehmungsakt merklich beeinflussen.

Im Laufe unseres Lebens lernen wir, unsere Sinnesorgane immer sicherer zu gebrauchen, indem wir sie z.B. miteinander in Beziehung setzen und die Ergebnisse bewußter verarbeiten. Wir nehmen Regen sowohl mit dem Gehör wie mit dem Auge wahr. Das typische Geräusch der fallenden Regentropfen ist noch nicht ganz eindeutig, wird aber richtig gedeutet, wenn wir die eigenartige Lichtverfärbung mit dem Auge aufnehmen, die durch die Wolkenbildung entsteht. Hier sind also zwei Sinnesorgane bei der Wahrnehmung derselben Erscheinung beteiligt. Schalten wir eines oder mehrere Sinnesorgane aus, wird die Wahrnehmung sofort unsicherer. Beim spielerischen Geräuscheraten mit Kindern können wir diesen Vorgang bewußt erleben. Die Deutung wird erschwert, weil wir normalerweise Geräusche mit Wahrnehmungserlebnissen des Auges kombinieren.

Im Gegensatz zum Neugeborenen, dessen Welt eine reine Wahrnehmungswelt ist, verfügen wir als Erwachsene neben einer »Wahrnehmungswelt des Augenblicks« auch über die Möglichkeit des *Gedächtnisses* und des *Wissens*. In unserer Erinnerung ist der Duft der Gartenrose ebenso »gespeichert« wie das Motorgeräusch eines Lastwagens. Und mit Hilfe von Fernsehen und Büchern können wir uns in Welten versetzen, die wir niemals direkt wahrnehmen werden.

Auf den nächsten Seiten gehen wir etwas näher auf die Bedeutung, Funktion und Wirkung unserer verschiedenen Sinnesorgane ein.

Sehen: Aus den Augen, aus dem Sinn?

Die Augen sind unser wichtigstes Sinnesorgan. Über 75 Prozent von dem, was wir von unserer Umwelt wahrnehmen, verdanken wir unseren Augen. Bereits einfache Dinge des täglichen Lebens, wie das Einschenken eines Getränkes in ein Glas oder das Lesen, lassen sich ohne Gesichtssinn nur mit viel Übung oder speziellen Hilfsmitteln (wie der Blindenschrift) bewältigen. Unser Auge reagiert auf *elektromagnetische Wellen* und ist der wohl »weitreichendste« menschliche Sinn. Unzählige Informationen und Eindrücke werden ständig in Form von Licht von unseren beiden Augen eingefangen. Die Lichtstrahlen dringen von außen in das Auge ein und fallen durch die Pupille auf die Linse. Die gewölbte Augenvorderseite und die Linse stellen das Bild scharf und werfen es auf die lichtempfindliche Netzhaut. Dort werden die Strahlen in elektrische Impulse umgewandelt und per *Nervenleitung* zum Gehirn gekabelt. Auf der Netzhaut liegen etwa

125 Millionen hoch lichtempfindliche Zellen, die Stäbchen, und etwa sieben Millionen Zellen, die man Zapfen nennt. Während die Stäbchen auf Helligkeit ansprechen, nehmen die Zapfen die Farbe des Lichtes wahr. Die Stäbchen sitzen vorwiegend an den Seiten der Netzhaut, die Zäpfchen meist im Zentrum. Mediziner beschreiben das menschliche Auge als so empfindlich, daß es unter optimalen Bedingungen zehn Millionen verschiedene Farbtöne unterscheiden kann. Im Sehzentrum unseres Gehirns werden alle *Nervensignale* zu Bildern umgesetzt oder besser gesagt »gesehen«. Somit dienen die Augen als Kamera, und das Gehirn fungiert als Bildschirm, der stets »on line« geschaltet ist.

Vom Aufbau her ist jedes Auge eine Kugel, die mit einer durchsichtigen, geleeartigen Substanz gefüllt ist. Vorn liegt eine transparente Hülle, die Hornhaut. Der farbige Teil des Auges, die blaue oder braune Regenbogenhaut bzw. Iris, regelt als verstellbare Blende den Lichteinfall, der in den Augapfel eindringt. Sechs in der Augenhöhle befestigte Muskeln bewegen das Auge in alle Richtungen.

Um mehr oder weniger Licht ins Auge zu lassen, verändern die Pupillen ihre Größe von zwei bis auf acht Millimeter. Um diesen Vorgang Kindern zu demonstrieren, halten sie sich vor einem Spiegel die Augen zu. Schauen sie nach einer Weile in den Spiegel, werden sie beobachten, wie die zuerst weite Pupille jetzt schnell enger wird.

Von der lichtempfindlichen Netzhaut auf der Augenrückseite läuft der Sehnerv zum Gehirn. Und da das Scharfsehen ebenfalls durch die Veränderung von *Muskelspannungen* zustande kommt, benötigt ein neugeborenes Kind einige Monate täglichen Trainings, bevor es zu sehen lernt, wo sich die Dinge im Raum befinden. Erst ganz allmählich verbessert sich die Sehfähigkeit. Ein Baby kann mit etwa einem Monat als erste Farbe Rot wahrnehmen, mit etwa vier Monaten Blau, Gelb und Grün unterscheiden, auch wenn es erst als Kleinkind wissen wird, daß rot »rot« heißt.

Kleinkinder müssen Gegenstände mit ausgestreckten Armen halten, um sie deutlich zu erkennen. Erst nach mehreren Monaten sind die Augen so koordiniert, daß sie sich gemeinsam bewegen. In der Regel wird die Sehfähigkeit bis zum achten Lebensjahr immer besser.

Unsere Augen können einen Winkel von etwa 200 Grad überblicken. Das ist etwas mehr als ein Halbkreis. Diesen Bereich bezeichnet man als Gesichtsfeld. Räumlich sehen wir in einem Winkel von 140 Grad. In dieser Region überschneiden sich die Gesichtsfelder unseres rechten und linken Auges. Die Tatsache, daß wir zwei Augen haben, bringt mehrere Vorteile. Zum einen ein größeres *Gesichtsfeld*, zum anderen sehen die etwa sechs Zentimeter auseinanderstehenden Augen Gegenstände aus unterschiedlichen Winkeln. Unser Gehirn läßt aus diesen Eindrücken ein räumliches Bild entstehen. Schließlich hilft die Fähigkeit zum räumlichen Sehen beim Abschätzen von Entfernungen (z.B. eines sich nähernden Autos im Straßenverkehr).

Die Kinder können zusammen mit der Pädagogin den Unterschied zwischen einäugigem und räumlichem Sehen ausprobieren, indem sie sich eine Zeitlang nur mit einem offenen Auge verschiedenen Bewegungssituationen aussetzen. Sind die Bewegungen mit nur einem geöffneten Auge schon eine ungewohnte Erfahrung, so wird durch gänzliches Ausschalten des Gesichtssinnes, also durch das Schließen beider Augen, ein völlig neuer Erfahrungsbereich geschaffen.

Hören: Auf tauben Ohren sitzen oder das Gras wachsen hören?

Unser Ohr gilt als das komplizierteste Sinnesorgan. Es ist noch differenzierter aufgebaut als das Auge. Die besondere Kompliziertheit liegt in seiner *Schalldruckmechanik*.

Alles was wir hören, den Klang eines Klaviers, das Quaken von Fröschen, aber auch den Lärm eines Düsenflugzeugs oder das Donnergrollen bei einem Gewitter, sind Geräusche oder *Schallwellen*, die von einer *Schallquelle* ausgehen und die Luft zum Schwingen bringen. Hören ist demnach das Wahrnehmen von Schall. Treffen solche Wellen auf das Außenohr, werden sie durch den Gehörgang zum Trommelfell geleitet, das nun zu schwingen beginnt. Diese Schwingung wird von den Knochen des Mittelohrs verstärkt. Im Innenohr wandeln sich die Schallwellen in *elektrische Nervensignale* um, die zum Gehirn »gesendet«, gesichtet und interpretiert oder einfach »gehört« werden. Das Hören dient uns nicht nur zur Orientierung, es ist auch das Hauptmittel unserer mitmenschlichen Kommunikation, die wir als verbale Kommunikation von Ausrufen bis zur Dichtung, als nonverbale Kommunikation von Signalgeräuschen (z.B. einer Klingel) bis zur Musik erleben.

Mit zwei Ohren können wir hören, aus welcher Richtung ein Geräusch kommt. Erreicht es uns beispielsweise von links, so nimmt das linke Ohr es etwas früher und lauter wahr als das rechte. Kindern bereitet es immer besonderes Vergnügen, mit geschlossenen bzw. verbundenen Augen herauszufinden, aus welcher Richtung ein Geräusch (z.B. das Ticken eines Weckers) kommt.

Das menschliche Ohr reagiert allerdings nur auf einen schmalen Ausschnitt aus dem Bereich der Schallquellen, und zwar auf Wellen zwischen 16 bis 20000 Schwingungen in der Sekunde. Die Anzahl der Schwingungen pro Sekunde ergibt die Höhe der Töne, d.h., die Einheit für eine Schwingung pro Sekunde lautet 1 Hertz (1 Hz). Während andere Lebewesen wie Delphine, Fledermäuse und Hunde zum Teil weit in den Ultraschallbereich hinein wahrnehmen können, sind die genannten 20000 Hertz die oberste Grenze unseres Gehörs. Kann ein siebenjähriges Kind noch Töne dieses Frequenzbereiches wahrnehmen, so hört ein Dreißigjähriger nur noch bis zu 15000 Hertz. In höherem Alter sinkt dann die Wahrnehmungsfähigkeit noch weiter, z.T. bis unter 5000 Hertz.

Unser Gehör kann zwischen hohen und tiefen Tönen (Tonhöhe) und lauten und leisen Geräuschen (Lautstärke) unterscheiden. Unsere Ohren leisten Präzisionsarbeit. Sie reagieren aber äußerst sensibel, wenn sie starkem Dauerlärm ausgesetzt werden, z.B. durch Dauerberieselung von lautstarker Musik aus dem Walkman oder durch extremen Verkehrslärm und Arbeitsgeräusche. Wir nehmen Lautstärken von 10 bis 140 Dezibel wahr. Zehn Dezibel ist so leise wie ein Flüstern. Beim Sprechen beträgt die Lautstärke unserer Stimme 50 bis 70 Dezibel. Die Schmerzgrenze liegt etwa bei 120 Dezibel. Alles, was darüber hinausgeht, kann das Ohr nachhaltig schädigen.

Hohe Töne erscheinen uns schärfer, härter, spitzer und schneidender, während tiefere Töne schwerer, voller, weicher, wärmer und verschwommener wirken. Diese Vielzahl von Merkmalen macht es etwas verständlicher, wie es uns gelingen kann, Hunderte von Menschen allein an ihrer Stimme zu erkennen.

Daß schon einzelne Töne Unterschiede in Stärke und Höhe aufweisen, erfahren wir durch das Musikerlebnis. Das jeweilige Instrument verändert durch Obertöne und Klangansätze die Tonqualitäten.

Seit langem ist bekannt, daß ein Baby bereits vor der Geburt hören kann. Etwa ab der zwölften Woche sind die Ohren schon teilweise vorhanden. Nach sechs Monaten kann es die Herztöne der Mutter hören, und es nimmt sogar Geräusche aus der äußeren Umgebung wahr. Ruhige Musik beruhigt einen beweglichen Fötus, während erregende Musik, wie z.B. ein Popkonzert, zu heftigen Stößen in der Gebärmutter führen kann. Das Kind hat gelernt, mit Geräuschen zu leben, und wenn es auf der Welt ist, scheint sein Gehör ein hochempfindliches Sinnesorgan zu sein. Und zwar so empfindlich, daß die Ohren auch zum Gleichgewicht beitragen. Im Innenohr befindet sich das Gleichgewichtsorgan, das bei jeder Bewegung einen Impuls ans Gehirn auslöst. Auf- und Ab-, Vor- und Zurückbewegungen werden ebenso wahrgenommen wie Bewegungen nach rechts und links. So wissen wir auch mit geschlossenen Augen, in welcher Lage sich unser Körper befindet.

Riechen und Schmecken: Jemandem etwas unter die Nase reiben und jeder nach seinem Geschmack?

Geruch und Geschmack gehören zusammen. Vieles von dem, was wir schmecken, nehmen wir in Wirklichkeit mit der Nase wahr. In den ersten Lebensjahren sind Gerüche für das Kind von besonderer Bedeutung. So ist z.B. die enge Verbindung mit einem Kuscheltier oder einer »Schnukkeldecke« teilweise durch den vertrauten Geruch zu erklären. Kinder wollen deshalb auch nicht, daß diese Gegenstände gewaschen werden. Auch der leckere Duft eines Kuchens oder guten Essens läßt uns das Wasser im Mund zusammenlaufen. Er hat eine Signalfunktion, durch die Speichel und Magensaft verstärkt produziert werden. Wir riechen beim Essen mit, und umgekehrt steigen Geschmacksreize gleichzeitig vom Rachenraum auf.

Unsere Nase, durch die wir riechen und atmen, ist in der Lage, etwa 4000 Düfte zu unterscheiden. Parfümhersteller und Weinprüfer sollen bis zu 10000 Duftnuancen erkennen können. Dies erscheint unglaublich, zumal unser Geruchssinn nicht so gut entwickelt ist wie bei den meisten Tieren. In erster Linie ist der Geruchssinn ein *Warn- und Locksinn*. Er prüft die Atemluft auf Gefahren, warnt uns vor Rauch und schädlichen Gasen und informiert uns, ob Speisen oder Getränke verdorben sind. In der Sexualität spielt der Geruchssinn ebenfalls eine wichtige Rolle: Spezielle vom Körper verströmte Duftstoffe steigern die Erregung.

Nicht alle Gerüche werden von uns als gleich angenehm oder unangenehm empfunden. Während Knoblauchduft von manchen geliebt wird, können ihn andere nicht ausstehen. Im Laufe eines Lebens ändern sich auch die Vorlieben für bestimmte Gerüche. Kinder schätzen z.B. Düfte, die süß und fruchtig riechen. In der Pubertät werden schwerere Düfte wie Sandelholz und Moschus interessant.

Wie funktioniert das Riechen eigentlich? Im Dach jeder Nasenhöhle sind die *Riechspalten* mit einer *Riechschleimhaut* ausgekleidet. Sie bildet einen gelblichbraunen, briefmarkengroßen Gewebeabschnitt, das *Riechfeld*, in unserer Nase. Darin befinden sich Millionen geruchsempfindlicher Sinneszellen. Erregt ein *Riechstoff* die *Riechhärchen* der Sinneszellen, wird der Geruchsreiz zu den *Riechkolben* und von dort über den *Riechstrang* zum *Riechhirn* weitergeleitet.

Sind wir erkältet, verteidigen sich die Nasenschleimhäute mit großen Schleimmengen gegen die Erkältungsviren. Deshalb ist die Nase verstopft, und die Geruchsstoffe in der Luft erreichen die Riechschleimhaut nicht. Das Essen schmeckt nicht mehr richtig. Es hat kein Aroma.

Mit den Kindern machen wir einen kleinen Test, um dieses Phänomen, das jeder kennt, einmal ohne Katarrh zu erleben: Auch bei zugehaltener Nase und geschlossenen bzw. verbundenen Augen werden sie einen geriebenen Apfel geschmacklich nicht von einer geriebenen Kartoffel unterscheiden können.

Ein Apfel kann auch wie eine Zwiebel riechen, wenn man den Geschmackssinn reizt und damit den Geruchssinn irritiert. Für dieses Experiment fragen wir ein Kind, ob es die Nahrung allein am Geschmack erkennen kann. Es wird dieses sicherlich bejahen. Man verbindet ihm die Augen, hält ihm ein Stück Zwiebel unter die Nase und legt ihm ein Stück Apfel auf die Zunge. Es wird kaum sagen können, was es gegessen hat. Das Experiment macht deutlich, wie stark der Geschmackssinn vom Geruchssinn beeinflußt wird.

Das Zusammenspiel zwischen Riechen und Schmecken beruht auf der nachbarschaftlichen Lage von Geruchs- und Geschmackssinn. Über die Rachenhöhle sind der Mund (Geschmacksempfindung) und die Nase (Geruchsorgan) miteinander verbunden. Beim Kauen und Schlukken gelangen so gasförmige Aromastoffe vom Rachen in die Nasenhöhle. Gut »belüftet« schmeckt das Essen deshalb besser. Die Hauptorgane für den Geschmack sind in sogenannten *Papillenregionen* mit drei bis 150 Geschmacksknospen konzentriert. Die Geschmacksknospen liegen auf der Zunge. Es sind kleine Zellhäufchen, mit denen wir vier verschiedene Geschmacksrichtungen wahrnehmen: süß, sauer, salzig und bitter. Jeder dieser vier Geschmacksrichtungen können wir auf der Zungenoberfläche bestimmte Bereiche zuordnen. Die Zungenspitze nimmt Süßes wahr. Dahinter liegen auf beiden Seiten die Geschmacksknospen für Salziges. An den Seiten im hinteren Drittel der Zunge und am Gaumen sind die Knospen für sauer, und ganz hinten vor dem Zungenhintergrund wird der bittere Geschmack wahrgenommen. Wollen wir etwas genau schmecken, müssen wir es deshalb über die ganze Zunge gleiten lassen.

Fühlen, Tasten und Bewegen: Aus der Haut fahren und die Muskeln spielen lassen?

Es gibt wohl keinen Stoff, der sowohl weich, elastisch und dehnbar, aber auch zugleich straff, reiß- und druckfest und auch noch wasserdicht ist. Die Natur hat dieses einmalige Material geschaffen: unsere Haut. Mit einer Gesamtoberfläche von 1,6 bis 2 Quadratmetern ist sie unser größtes Organ und beträgt etwa ein Sechstel des Körpergewichtes. Die menschliche Haut besteht aus drei Schichten: Oberhaupt (*Epidermis*), Lederhaut (*Corium*) und Unterhaut (*Subcutis*). Als Grenzfläche zwischen unserem Organismus und der Umwelt schützt sie unseren Körper vor Schädigungen von außen und reguliert gleichzeitig die Beziehungen des Organismus zur Umwelt sowie die Beziehungen der Umwelt zu unserem Organismus. Als Sinnesorgan dient unsere Haut als Warnanlage des Körpers. Sie registriert Wärme, Kälte, Druck, Berührungen, Vibrationen, Juckreiz, Rauhheit und Schmerz. Als Schutzorgan verhindert sie das Eindringen von Schmutz, Giften und Krankheitserregern und schützt vor den ultravioletten Strahlen der Sonne. Die auf Wärme, Kälte, Druck, Rauhheit und Schmerz reagierenden Tastzellen der Haut sind über sensorische Nerven mit dem Rückenmark und dem Gehirn verbunden. Sie senden ununterbrochen Signale über den Zustand der Umgebung und über das, was sich auf der Haut abspielt. So ist unser Körper in der Lage, auf komplexe Reize zu reagieren. Die Berührungsorgane (*Tastzellen*) sind nicht nur unterschiedlich über den Körper verteilt, sondern reagieren auch verschieden. Um eine Berührungswahrnehmung zu erzeugen, benötigt man auf der Nase viel weniger Druck als auf dem Handrücken und dem Unterarm. Die Tastzellen für die einzelnen Empfindungen liegen in unterschiedlichen Schichten der Haut. Leichter Druck und Kälte werden dicht unter der Oberfläche wahrgenommen, die Zellen für Wärme und stärkeren Druck liegen tiefer.

Unser Tastsinn gibt Auskunft über Form und Beschaffenheit eines Gegenstandes, den unsere Haut berührt. Er reagiert auf mechanische Reizung und wird durch kleinste Verformungen der Oberhaut ausgelöst. Außer auf mechanischen Druck von außen reagiert der Tastsinn vor allem auf Spannungsänderungen im Gewebe. Für unsere Bewegung ist dies von großer Bedeutung, weil Änderungen der Hautspannung über unseren Gelenken uns Auskunft über die jeweilige Lage eines Körperteils geben und auf diese Weise die Koordination einzelner Bewegungen ermöglicht wird.

Die Rezeptoren für den Tastsinn sind am reichlichsten in den Fingerkuppen und in den Fußsohlen vorhanden. Besonders an den Fußsohlen machen sich die Druckempfindungen für die Bewegung günstig bemerkbar, da hierdurch beim Stehen, Gehen und Laufen die Möglichkeit von *Lagekorrekturen* besteht. Bereits das Neugeborene ist für Berührung empfindlich. Es reagiert schon bei vorsichtiger Berührung mit Reflexbewegungen. Wie wichtig der Tastsinn für ein Baby ist, erkennt man daran, daß sein Mund von Anfang an eine besondere Rolle als Tastorgan spielt. Mit seinem Mund nimmt es zum ersten Mal etwas von außen in sich auf. Das Kind hat so den intensivsten Kontakt zur Außenwelt, zu den Menschen wie zu den Gegenständen. Etwas später lernt das Baby mit Hilfe seines Tastsinnes die Eigenschaften verschiedener Materialien kennen. Ob rund, eckig, rauh, glatt, spitz, uneben: alles erfährt es durch Betasten der Dinge. Dabei benutzt es ebenso die berührungsempfindlichen Lippen und die Zunge wie seine Hände.

Die *Sinnesrezeptoren* in der Haut reagieren auch auf Temperaturveränderungen. Wie Temperatur empfunden wird, hängt deshalb besonders davon ab, woran man gewöhnt ist. Tauchen wir z.B. eine Minute lang die linke Hand in heißes und die rechte in kaltes Wasser und halten dann beide in lauwarmes Wasser, so fühlt es sich für die linke Hand kalt und für die rechte warm an. Die *Temperaturrezeptoren* geben z.B. auch Schmerzsignale ab, wenn wir etwas als zu heiß oder zu kalt empfinden. Der Schmerz als Warnsignal veranlaßt uns, die Gefahrenquelle zu meiden.

Für Tasterlebnisse ist die gleichzeitige Sehwahrnehmung wichtig, da normalerweise beide Wahrnehmungsfelder zusammenarbeiten. Von besonderer Bedeutung sind Tasterlebnisse durch ihre emotionale Funktion. Streicheln und Gestreicheltwerden sind Ausdruck für sozialen Kontakt und liebevolle Zuwendung bis hin zur sexuellen Stimulation.

Der Tastsinn ist eine Hilfe zur Orientierung in der körperlichen Umwelt und wird überall dort wirksam, wo es auf hohe Geschicklichkeit unserer Körperbewegungen, besonders der Hand- und Fingerbewegungen, ankommt.

Neben unseren äußeren Sinnen, wie z.B. der Hautwahrnehmung, durch die wir *sensorische »Außenkontakte«* aufnehmen, hat unser Körper auch die Möglichkeit, seinen eigenen Zustand wahrzunehmen. Neben dem Gleichgewichtsorgan im Mittelohrbereich ist der sogenannte *Bewegungs- oder Muskelsinn (kinästhetisches System)* von besonderer Bedeutung. Er gibt uns über Raum-, Zeit- und Spannungsverhältnisse des Körpers Auskunft. Eine der wesentlichsten Ausdrucksformen unseres Lebens ist die Fähigkeit zur Bewegung. Jede Eigenbewegung unseres Körpers besteht aus Muskelfasern, die sich zusammenziehen, sich in der Längsrichtung ihrer Fasern verkürzen können und dabei eine Gegenkraft überwinden. Zwei *»Körpersysteme«* stehen uns zur Verfügung: Es sind die *Lagerezeptoren* im Innenohr, mit denen wir die geringsten Veränderungen des Körpers registrieren und regulieren können, und es sind die *Muskelrezeptoren*, die uns ununterbrochen Informationen über Körperbewegungen, den Spannungsgrad der Muskulatur und das aufgewendete Kraftmaß übermitteln. Dieses Zusammenspiel der Rezeptoren und Systeme wird auch als *»kinästhetische Differenzierungsfähigkeit«* beschrieben. Sie korrespondiert mit allen Wahrnehmungen. Besonders enge Verknüpfungen bestehen mit dem Tastsinn. Berührungen, Druck- und Tasterlebnisse geben Informationen, die den Muskel- und Bewegungssinn aktivieren. Für das Kleinstkind bedeutet zunehmende Körperbeherrschung zum einen die Steuerung des Abwechselns zwischen links und rechts und zum anderen die zunehmende Beherrschung des Körpergleichgewichts. So ist das Stehen und Gehen eine wichtige Wahrnehmungsaufgabe, zumal jede Stellung einer Rückmeldung bedarf, um die Kette der Bewegungen notfalls zu verändern. Es werden lokale (z.B. Augenstellung), segmentale (z.B. Kopf- und Halsstellung) und allgemeine Reaktionen (z.B. während des Laufens oder Hüpfens) unterschieden. Links und rechts, vorn und hinten, oben und unten werden als *»Koordinaten«* ständig von den Gleichgewichtsorganen überprüft. Was geschieht, wenn eine oder mehrere Informationen über die Körperlage nicht in Ordnung sind, wird im Zustand der Trunkenheit deutlich. Bei Betrunkenen funktioniert die *Lagewahrnehmung*, d.h. die zentrale Verarbeitung, nicht, so daß sich ihre Umgebung zu bewegen scheint. Zu den schwierigsten Aufgaben der Körperwahrnehmung gehört die Ermittlung von Richtungsänderungen ohne optische Kontrolle. Wer sich je schon einmal im Wald verlaufen hat, wird höchstwahrscheinlich seinen »Linksdrall« bemerkt haben.

Bewegungen gehören für das Kind zu den wichtigsten Wahrnehmungen und Erfahrungen. Durch sie kann es seine geistigen Handlungen und motorischen Aktivitäten ständig erweitern und aufbauen. Der Psychologe Piaget sah in der Bewegung und Wahrnehmung den Anfang aller Denkprozesse. Gezielt eingesetzte Spielangebote können dem Kind helfen, seine Bewegungen zu verbessern, zu kontrollieren und zu steuern und helfen nicht zuletzt, körperliche und seelische Spannungen abzureagieren.

Die Rezeptoren und ihre Wahrnehmung im Überblick

Physikalischer Reiz	Organ	Rezeptoren	Ergebnis
Lichtwellen (elektromagnetische Wellen von 0,7–0,4 μ)	Auge	Netzhaut (Retina)	Helligkeit, Farben; Gegenstände, Raum, Bewegung
Schallwellen (Luftdruckschwankungen) 15-20 000/Sek)	Innenohr	Schnecke (Cochlea)	Töne, Geräusche; Sprache, Musik; Lokalisation von Tonquellen im Raum
Schwerkraft Körperbeschleunigung	Innenohr	Sacculus, Utriculus	Körperposition bezügl. Erdanziehung; Körperbeschleunigung
Kopfrotation	Innenohr	Bogengänge (Labyrinth)	Kopfbewegungen
Moleküle im Gaszustand	Nase	Riechepithel sensible Nerven in Nasenschleimhaut	Gerüche allgemeine Reizirritation (z.B. durch Rauch)
Moleküle in Lösung	Zunge, Mund-, Rachenschleimhaut	Geschmacksknospen	Geschmacksrichtungen (süß, salzig, sauer, bitter)
Druck, Temperatur, Gewalteinwirkung	Haut	verschiedene Endorgane und Nervenendigungen	Berührung, Druck, Temperatur, Schmerz, Kitzel, Vibration
Druck, Temperatur, chemische Veränderungen	Genitalschleimhaut	verschiedene Endorgane	sexuelle Erregung, Orgasmus
	innere Organe	Nervenendigungen in Muskulatur, Schleimhaut, Bindegewebe	Dehnungsschmerz, z.T. Berührung, Temperatur, Druck (Gefühle)
Druck, Zug	Muskeln, Sehnen, Gelenke	Muskelspindeln (Muskeldehnung) Sehnenspindeln Muskelkontraktion) Druckrezeptoren	Position und Bewegung der Körperteile
»Inneres Milieu«, Aktivitätszustand u.a.	Gehirn	zahlreiche Zentren	Wachheitsgrad, Gefühls- und Motivationszustände, Bewußtsein

(Aus: Legewie/Ehlers 1986)

2. Nachrichtennetz zur Regelung von Beziehungen – Wahrnehmung als Prozeß

Ohne Wahrnehmung wäre unser menschliches Leben überhaupt nicht möglich. Um der Realität begegnen und sich mit ihr auseinandersetzen zu können, müssen wir in der Lage sein wahrzunehmen. Wahrnehmung ist die Art, wie unser Gehirn die von den Sinnesorganen kommenden Informationen über die Umwelt interpretiert. Ob es sich nun um eine Wahrnehmung aufgrund willkürlicher oder unwillkürlicher Aufmerksamkeitszuwendung handelt, in jedem Fall verläuft die Wahrnehmung in verschiedenen Phasen. Sie ist *kein augenblicklicher Akt* wie etwa das Festhalten eines Bildes durch die Fotokamera, *sondern* ein wenn auch unvorstellbar schnell ablaufender *Prozeß*.

Die Verarbeitung von Reizen aus der Umwelt und dem Körperinneren findet im Nervensystem statt. Es besteht aus vielen Milliarden Nervenzellen, die elektrische Signale durch den Körper tragen, und hat zwei Hauptteile:

1. Das *Zentralnervensystem (ZNS)*, zu dem das Gehirn und das Rükkenmark gehören. Es verbindet, schaltet, koordiniert und integriert alle ankommenden Informationen und die darauf folgenden Reaktionen.
2. Das *periphere Nervensystem (PNS)* umfaßt alle vom Zentralnervensystem ausgehenden Nervenbahnen. Es nimmt die Reize auf und leitet sie weiter zum ZNS.

Das Nervensystem ist ein Nachrichtennetz mit der Aufgabe, daß alle Körperteile reibungslos zusammenarbeiten.

Das Rückenmark erstreckt sich von der Unterseite des Gehirns bis in den unteren Rücken. Es ist ein Strang aus Nervengewebe und wirkt wie eine Schaltstation, die das Gehirn mit anderen Nerven im Körper – vom Hals bis zu den Zehen – verbindet. Vom Gehirn zu den Muskeln und Sinnesorganen im Kopf verlaufen 24 große sogenannte »Hirnnerven«. Sie versorgen unter anderem Augen, Ohren und Nase. Weitere 62 sogenannte *»Spinalnerven«* gehen paarweise vom Rückenmark aus und erstrecken sich in weiten Verästelungen in die übrigen Körperteile.

In der Psychologie wird das periphere Nervensystem in das *somatische bzw. animalische* und in das *vegetative bzw. autonome System* aufgeteilt. Während das somatische System der Regelung von Beziehungen des Organismus zur Außenwelt dient, steuert das vegetative Nervensystem die inneren Lebensfunktionen wie Atmung, Verdauung, Stoffwechsel und Drüsenfunktion.

Von den unzähligen Informationen, die jede Sekunde auf uns einwirken, gelangen nur die wichtigen Informationen bis in höhere Zentren der *Hirnrinde* und werden dort zu bewußten Wahrnehmungen.

Schematisch vereinfacht läßt sich unser Nervensystem etwa so darstellen:

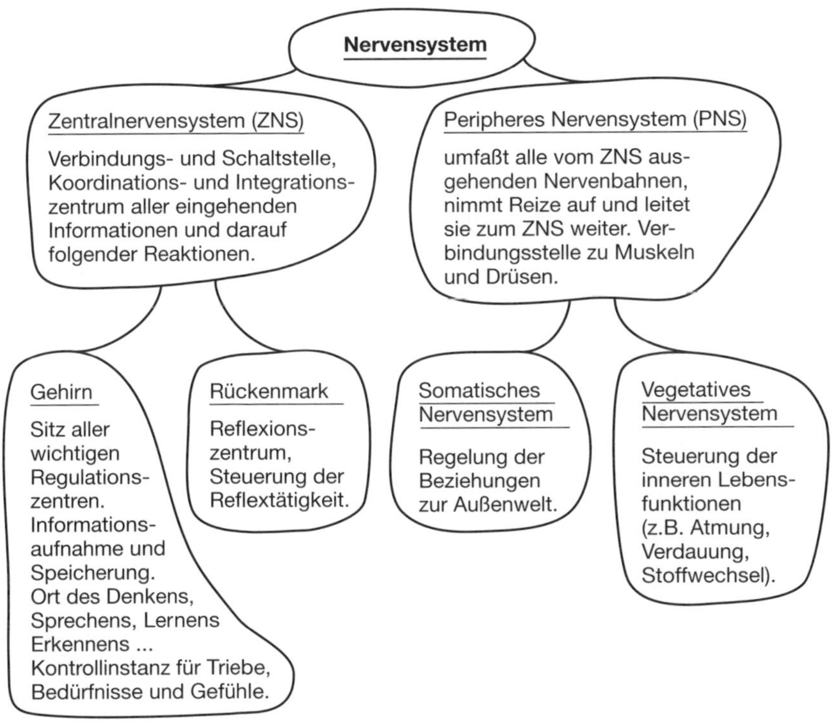

3. Kontrast, Schwellen, Konstanz und andere Phänomene – Gesetzmäßigkeiten der Wahrnehmung

Unsere Wahrnehmung wird nach bestimmten Gesetzen strukturiert und durch sogenannte *Konstanzphänomene* verbessert. Die Wahrnehmungspsychologie kennt eine Reihe von *Gesetzmäßigkeiten.* Grundprinzip dabei ist, daß mit Hilfe der Wahrnehmung Sinn und Ordnung in die Umweltreize gebracht werden.

Die bekanntesten Gesetzmäßigkeiten sind Kontrast, Figur und Grund, Schwellen, Prägnanz, Assimilation und Konstanz. Das *Kontrastphänomen* besagt, daß Helligkeits- und Farbwerte nicht absolut sind, sondern sich in der Wahrnehmung nach äußeren Bedingungen ändern. Beim Fernsehempfang wird z.B. empfohlen, für eine zusätzliche Beleuchtung zu sorgen, um das Kontrastphänomen abzumildern.

Mit *Figur und Grund* versucht man die unendliche Zahl der Umweltreize zu beschreiben. Kein Mensch kann auf alles achten. Deshalb trifft er durch bewußte und unbewußte Heraushebung eine Auswahl. Der Rest verschwindet als Hintergrund.

Das *Schwellenphänomen* macht deutlich, daß es für uns Menschen sogenannte Wahrnehmungsschwellen nach oben und unten gibt. So können Hunde wesentlich höhere Töne wahrnehmen als der Mensch. Es gibt auch Unterschiedsschwellen. Zünden wir z.B. zu einer brennenden Kerze eine zweite an, so sieht man den Helligkeitsunterschied. Stellen wir jedoch zu zehn brennenden eine elfte Kerze hinzu, werden wir keinen Unterschied feststellen.

Prägnanz beschreibt die Tendenz, Gegenstände, Personen und Tiere auch in einer verwirrenden Vielfalt zu entdecken und zu bedeutungs- und sinnvollen Gestalten zu ordnen und zu vervollständigen.

Die *Assimilation* benennt die Fähigkeit der menschlichen Wahrnehmung, Helligkeitsunterschiede auszugleichen. Jeder Fotograf weiß, wie schwer diese mit der Kamera zu meistern sind.

Wahrnehmungskonstanzen verbessern die Wahrnehmung. Sie sind die Bezeichnung für das Phänomen, daß trotz ständig ändernder Reizverhältnisse bzw. Gegebenheiten eine gleichbleibende, unveränderte Wahrnehmung stattfindet.

Die Wahrnehmungskonstanzen entwickeln sich bei uns erst im Laufe der Zeit. Sie sind notwendig, um in die unzähligen Informationen, denen wir täglich ausgesetzt sind, eine gewisse Ordnung zu bringen.

Am bekanntesten sind:

Größenkonstanz: Trotz unterschiedlicher Entfernung werden Personen und Gegenstände als gleich groß wahrgenommen.

Formkonstanz: Personen und Gegenstände nehmen wir trotz unterschiedlicher Perspektive in ihrer Form als gleich wahr.

Farb- bzw. Helligkeitskonstanz: Trotz unterschiedlicher Beleuchtung werden Personen und Gegenstände in ihrer Form als gleich wahrgenommen.

Mit der These »Das Ganze ist mehr als die Summe seiner Teile« kennzeichnet die Gestaltpsychologie den sogenannten *Gestalteindruck* als Eigenleistung des Wahrnehmenden. Gemeint ist damit, daß wir gar nicht anders können, als Gestalten zu sehen und daß einzelne Reize grundsätzlich in einen Gesamtzusammenhang eingebettet sind. Schauen wir uns z.B. die geometrischen Täuschungen in diesem Buch (Kap. 5) an, so wird diese Tatsache augenfällig belegt.

4. Kettenreaktion mit Rückkoppelungseffekt – Persönliche und soziale Faktoren der Wahrnehmung

Wenn schon unsere Wahrnehmung von Gegenständen kein bloßes Abbilden der objektiv gegebenen physikalischen Reize darstellt und durch *optische* Täuschungen genarrt werden kann, um wieviel komplizierter wird dann erst die Wahrnehmung zwischenmenschlicher Beziehungen und der sozialen Umwelt.

Die Wahrnehmung wird immer von *individuellen und sozialen Faktoren* beeinflußt und bestimmt. Diese Faktoren können verändern, verzerren und verfälschen, was sich in der Wahrnehmung von anderen Personen auswirkt. Soziale Wahrnehmung ist stets auch ein Prozeß gegenseitiger Beeinflussung. Der erste Eindruck von einer anderen Person bleibt nicht ohne Auswirkung auf mein Verhalten dieser Person gegenüber, aufgrund dessen sich diese wiederum selbst einen ersten Eindruck von mir bildet. Es kommt also zu einer Art Kettenreaktion mit Rückkoppelungseffekt. So kann die anfängliche Fehleinschätzung eines anderen Menschen zu einem dauernden Fehlurteil mit den daraus resultierenden Verhaltensweisen führen und die Beziehung der beiden zueinander gestört bleiben.

Unsere Wahrnehmung hängt von verschiedenen persönlichen Faktoren ab, z.B. von *Bedürfnissen, Trieben, Motiven, Gefühlen, Stimmungen, Einstellungen, bisherigen Erfahrungen, Interessen und Wertvorstellungen.* Mit der Wahrnehmung werden Einstellungen und Werturteile verknüpft, d.h., wir fügen den aus der Umwelt erhaltenen Wahrnehmungen selbst noch etwas hinzu. Im Laufe unserer Entwicklung sammeln wir Erfahrungen und speichern sie im Gedächtnis. Sobald Gegenstände oder Personen in der Umwelt beobachtet werden, wird auf dieses Datenmaterial zurückgegriffen und daraus die unmittelbare Wahrnehmung ergänzt. Dabei kommen wir nicht selten zu verzerrten oder auch falschen Urteilen, trotz der subjektiven Gewißheit, daß das, was wir meinen, »wahr« sei. Wir verlassen uns nicht nur auf unsere eigenen Vorausinformationen, sondern übernehmen die Urteile anderer und sehen Dinge und Personen wie diese.

Somit ist unsere Wahrnehmung auch abhängig von den Einflüssen durch andere Personen.

In dem Augenblick, in dem sich ein Mensch in einer Gruppe befindet, paßt sich seine Wahrnehmung dem Einfluß der Gruppe an. Soziale Einflüsse wie Wert- und Normvorstellungen innerhalb der Gruppe bedingen die Wahrnehmung des einzelnen entscheidend mit und lösen entsprechende Erwartungen aus.

Nicht selten ist unsere soziale Wahrnehmung ein Kompromiß zwischen dem, was wir wahrzunehmen erwarten, und dem, was wir faktisch in der Umwelt vorfinden.

5. Wie kommen Wahrnehmungsfehler zustande? – Die Subjektivität unserer Wahrnehmung

Unsere Sinne geben die Welt nicht haargenau wieder. Aufgrund zahlreicher Experimente weiß man, daß das Ergebnis der Wahrnehmung nur teilweise der tatsächlich existierenden Wirklichkeit entspricht. Jede Wahrnehmung ist in den Gesamtzustand unseres Erlebens eingebettet. Deshalb kann sie abgewandelt werden, einmal von den Gestalten der Außenwelt, zu denen das einzelne Wahrnehmungsobjekt gehört, zum anderen aber auch von den Gefühlen, Einstellungen und persönlichen Besonderheiten des einzelnen Menschen. Die Wirklichkeit bietet sich uns deshalb nicht »objektiv« dar, sondern nur im individuellen (also subjektiven) Erlebnis dessen, der sie wahrnimmt.

Wir werden durch *Wahrnehmungsschwellen* eingeengt und durch *Differenzierungsschwellen* unzureichend orientiert sowie durch eine Reihe von Wahrnehmungstäuschungen genarrt. Dennoch zeigt sich die Welt uns so, wie wir sie zur Anpassung und Bewältigung benötigen.

Unsere Wahrnehmung wird zum einen durch die Beschaffenheit unserer Sinnesorgane eingeschränkt, zum anderen durch bestimmte Wahrnehmungsgesetze strukturiert, von anderen Wahrnehmungen mitgestaltet sowie von individuellen und sozialen Faktoren beeinflußt und verändert.

Die Verzerrung und Verfälschung der Wirklichkeit aufgrund der Subjektivität der Wahrnehmung führt zu Wahrnehmungsfehlern, die insbesondere in der Wahrnehmung von Personen und Gruppen bedeutende Auswirkungen nach sich ziehen können, z.B. in Form von Ablehnung und Vorurteilen (s. Kap. 4).

Neben Wahrnehmungstäuschungen gibt es auch eine sogenannte *Wahrnehmungsabwehr*, d.h., wenn Wahrnehmungsgegenstände auf Ablehnung oder Desinteresse beim Wahrnehmenden stoßen, ergibt sich eine längere Auffassungszeit und eine höhere Fehlerquote für das richtige Erkennen der Gegenstände. Andere Wahrnehmungsfaktoren begünstigen Veränderungen. Angst, aber auch Erregung können in gewissen

Grenzen Wahrnehmung und Lernen verbessern, indem sie die *Wahrnehmungsbereitschaft* und das *Aufmerksamkeitsniveau* erhöhen.

Optische Täuschungen

Die von uns erfaßte Welt ist das Endergebnis, nicht die Ursache unserer Wahrnehmung. Menschen, die Gleiches sehen, nehmen nicht immer auch Gleiches wahr. Selbst der Wert bzw. Unwert von Zeugenaussagen wird durch eine Vielzahl optischer Täuschungen immer wieder deutlich.

Optische Täuschungen sind Bilder, die vom Auge falsch gesehen und seltsam interpretiert werden. Sie sind Fehlleistungen, die durch das Zusammenspiel von Augen und Gehirn entstehen. Unser Gehirn muß Tausende von Signalen, die von den Augen kommen, ordnen und ihnen einen Sinn geben. Hierfür vergleicht es die Signale mit dem, was es aus Erfahrung bereits über die (Um-)Welt weiß. Damit die neue Information zu den bekannten Erfahrungen paßt, verändert es unter Umständen das Bild, so daß wir es anders wahrnehmen, als es wirklich ist. Die Wissenschaft hat sich lange mit optischen Täuschungen beschäftigt. Es wurde erkannt, daß ein *Gestaltprinzip* wirksam wird, was soviel bedeutet, daß wir bei der Wahrnehmung nie Einzelteile für sich feststellen, beobachten und wahrnehmen, sondern immer nur das Ganze – und die Einzelheit in das Ganze eingebettet – wahrnehmen. Deshalb bekommt dieselbe Einzelheit von der Umgebung her ein anderes Gesicht in der Wahrnehmung, als sie es isoliert haben würde.

Aus der Vielzahl optischer Täuschungen wollen wir einige Beispiele herausgreifen (siehe auch Spielvorschläge im Praxisteil):

Die wohl berühmteste Umkehrung von Figur und Hintergrund wurde von dem dänischen Psychologen Edgar Rubin entwickelt. Es handelt sich um eine *ambige* Figur, die man als zwei einander zugewandte Gesichter interpretieren kann oder als Vase bzw. Kelch, der durch den Zwischenraum zwischen den Profilen entsteht.

Rubins Vase

Man bezeichnet eine Figur dann als »ambig« (oder als »Kippfigur«), wenn sie als zwei oder mehr verschiedene Bilder gedeutet werden kann.

Sehr bekannt und fast in jedem Psychologiebuch zu finden ist auch das Bild der jungen/alten Frau des amerikanischen Psychologen E.G. Boring. Es ist so konzipiert, daß es uns zwingt, abwechselnd zwei scharf voneinander abgegrenzte Gesichter wahrzunehmen.

Was sehen Sie zuerst, eine hübsche, junge Frau oder eine eher häßliche Alte? Können Sie beide Bilder erkennen? Und zwar gleichzeitig?

Borings junge/alte Frau

Ähnliche Umkehrungen zwischen Figur und Hintergrund finden bei dem Eskimo-Indianer statt. Bei der Betrachtung von Bildern dieser Art neigen wir meist zu einer optischen Einseitigkeit, die meist in Zusammenhang mit der Betonung einer Hand oder Körperseite steht. Rechtshänder und »Rechtsseher« werden vorwiegend erst den Indianer sehen, während Linkshänder und »Linksseher« meist zuerst den Eskimo erkennen.

Eskimo oder Indianer

Eine klassische ambige Figur ist die umkehrbare Treppe des deutschen Mathematikers Ernst Schröder. Auf den ersten Blick führt sie völlig normal nach oben. Fixiert man sie länger, kehrt sie sich plötzlich um und scheint auf dem Kopf zu stehen.

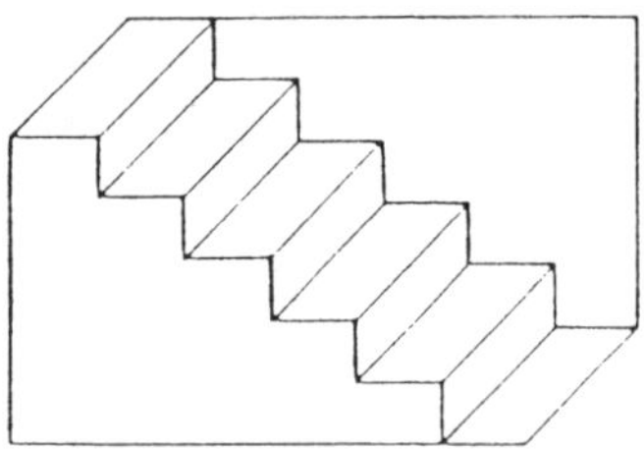

Schröders Treppe

Zu den geläufigsten optischen Täuschungen gehören jene, die auf Verzerrungen beruhen, die von Linien und Winkeln hervorgerufen werden.

Eine häufig in Kinderbüchern anzutreffende Täuschung ist die Zylindertäuschung. Es scheint, als wäre der Zylinder höher als breit, obwohl er eindeutig dieselbe Höhe wie Breite aufweist.

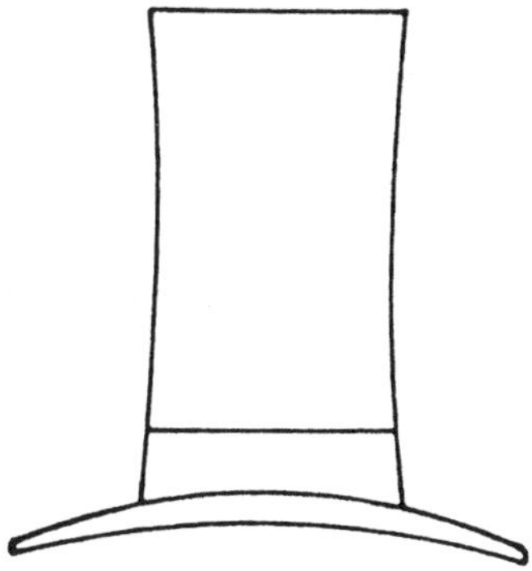

Zylindertäuschung

Bei der »Streckentäuschung« des deutschen Psychiaters Franz Müller-Lyrer erscheint die von den nach innen zeigenden Pfeilspitzen begrenzte Linie länger als die mit den nach außen weisenden Pfeilen.

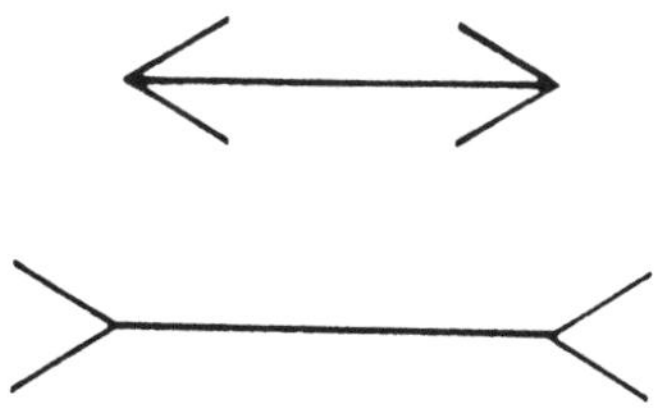

Streckentäuschung

Die nach dem deutschen Psychologen Ewald Hering benannte Täuschung läßt die waagrechten Parallelen gekrümmt erscheinen, was in Wirklichkeit nicht stimmt.

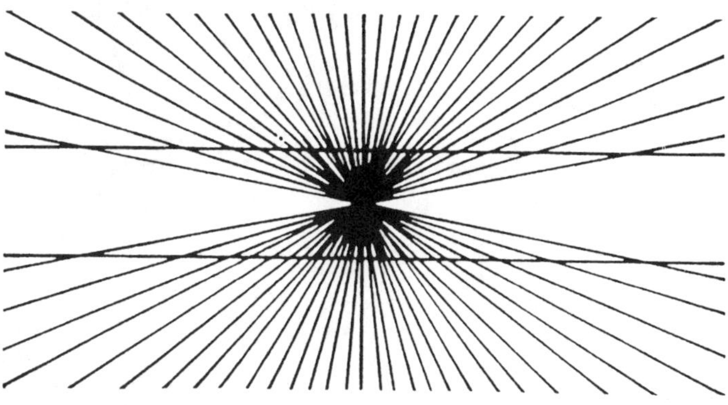

Heringsche Täuschung

Eine durch Linien und Winkel hervorgerufene Verzerrung ist die bekannte »Parallelentäuschung« von Johann K.F. Zöllner. Er beobachtete die Täuschung erstmals bei einem Stoffmuster. Dem Betrachter kommt es vor, als würden die vertikalen Linien in der Richtung zusammenlaufen, in der die Schrägstriche auseinanderlaufen, und umgekehrt.

Zöllner-Illusion

Es scheint auch Konturen zu geben, wo keine sind.

Dreieck

Verzerrungstäuschungen werden nicht nur von geraden Linien und Winkeln hervorgerufen, sondern auch von Kreisen und Spiralen.

Mit den Kindern experimentieren wir: Wenn Sie z.B. die beistehende Spirale fotokopieren oder durchpausen, sie auf den Teller eines Plattenspielers legen und diesen gegen den Uhrzeigersinn drehen, so dehnt sich die Spirale scheinbar aus; wird der Plattenteller im Uhrzeigersinn gedreht, zieht sie sich scheinbar zusammen.

Spirale

Weitere Spielanregungen finden Sie unter der Spielnummer 48 im Praxisteil.

6. Wenn die Sinne nicht harmonisch zusammenspielen – Wahrnehmungsstörungen

Die Wahrnehmung und ihre vielfältigen Störungsbilder sind für Pädagoginnen und Pädagogen in den letzten Jahren zu einem zentralen Thema geworden. Von Wahrnehmungsstörungen wird gesprochen, wenn die Wahrnehmungsfähigkeit eines Menschen eingeschränkt ist. Diese Störungen können *kurzfristig* auftreten (z.B. durch Drogeneinfluß) *oder ein Leben lang* vorhanden sein, wie z.B. beim Blindgeborenen aufgrund einer Schädigung eines bestimmten Bereiches der Hirnrinde. Wahrnehmungsstörungen bestehen auch, wenn Sinnesorgane nur bedingt oder gar nicht funktionieren. Dies ist z.B. der Fall bei Kurz- oder Weitsichtigkeit, Fehlstellungen der Augen, Farbenblindheit, Blindheit, Schwerhörigkeit oder Taubheit. Ein wahrnehmungsbehinderter Mensch ist meist auch ein isolierter, einsamer Mensch.

Je früher eine Sehschwäche erkannt wird, um so größer ist die Chance, die Störung zu beheben oder doch erheblich zu verbessern. Und um so weniger besteht die Gefahr, daß sich die geistige Entwicklung des Kindes verzögert.

Während das Schielen anhand der typischen Schiefstellung der Augen meist von Eltern selbst entdeckt wird, fällt ein leichtes Schielen oft kaum auf. Eine mögliche Sehschwäche wird die Pädagogin im Kindergarten oder in der Grundschule vermuten, wenn ein Kind oft blinzelt, seine Augen chronisch gerötet sind, es die Augen zusammenkneift, um in die Ferne zu sehen, Gegenstände sehr nahe an die Augen bringt, um sie zu betrachten, und/oder oft danebengreift, wenn es etwas anfassen will.

Schon beim Verdacht einer Sehschwäche sollte Eltern geraten werden, einen Facharzt – also hier den Augenarzt – aufzusuchen. Das gilt auch für den Verdacht auf Hörschäden. Reagiert ein Kind nur verzögert auf ganz normale Geräusche, etwa auf Musik und Singen, auf den Lärm aus dem Nachbarzimmer, auf das Türenschlagen u.a.m., so wird die Pädagogin ihre Beobachtungen an die Eltern weitergeben, damit diese sich umgehend mit dem Kinderarzt und mit dem Hals-Nasen-Ohren-Arzt in Verbindung setzen. Auch wenn heute Eltern bei der Geburt ihres Kindes bereits in der Klinik das gelbe »Untersuchungsheft für Kinder« für Untersuchungen (vom 3. Lebenstag bis zum Ende des Kindergartenalters) überreicht wird, nehmen oftmals randständige Familien dieses Angebot zur Früherkennung von Krankheiten und Entwicklungsstörungen nicht entsprechend wahr.

Wahrnehmungsstörungen können auch trotz intakten Funktionierens der Sinnesorgane bestehen. Bei der *Agnosie* z.B. kann der Betreffende bereits bekannte Personen und Gegenstände nicht wiedererkennen. Auch *Halluzinationen*, bei denen ein Reiz wahrgenommen wird, obwohl er in der Wirklichkeit gar nicht existiert, können Ergebnisse einer gestörten Wahrnehmung sein. »*Trugwahrnehmungen*« bzw. »*Falschwahrnehmungen*« dieser Art, bei der Betroffene jedoch von der Realität überzeugt sind, kommen in allen Sinnesbereichen vor.

Oft werden auch Lese-, Rechtschreib- und Rechenschwäche als Wahrnehmungsstörung angesehen. Die amerikanische Psychologin Jean Ayres fand heraus, daß Lernstörungen häufig ihre Ursachen in Bewegungs- und Wahrnehmungsstörungen haben. Kinder, bei denen das Gehirn Mühe hat, die normal arbeitenden Nerven und Muskeln in Einklang zu bringen, fallen unter anderem durch unkoordinierte Bewegungen auf, wirken steif und ungelenk, oft auch plump und schwerfällig. Sie können ihre Kraft nicht richtig dosieren, sind unruhig, zappelig und unfähig, sich längere Zeit mit einer Sache zu beschäftigen. Nicht selten ist auch das Schlafbedürfnis wahrnehmungsgestörter Kinder stark eingeschränkt. Eine Folge von unausgeprägter Körperwahrnehmung sind Schwierigkeiten im Nachvollziehen von Positionen wie vorn, hinten, rechts und links. Älteren Kindern gelingt es häufig nicht, eine zeitliche Zuordnung von gestern, heute oder morgen vorzunehmen. Kinderzeichnungen können uns Aufschluß darüber geben, ob das Körperschema eines Kindes nicht stabil ist. Meist fehlen bei Männchenzeichnungen wichtige Details wie Augen, Arme, Hände, Füße oder Haare. Ein fünf oder sechs Jahre altes Kind, das solche Erkenntnismerkmale aufweist, zeigt, daß es keine innere Vorstellung davon hat, wie sein Körper zusammengesetzt ist. Es nimmt seine einzelnen Körperteile nur unzureichend wahr. Die Entwicklung des Körperschemas hängt unweigerlich mit einer gesunden Ausprägung der Sinne und mit ausreichender Möglichkeit körperlicher Bewegung zusammen.

Wahrnehmungsstörungen wirken sich stets auf die *Gesamtpersönlichkeit* eines Kindes aus und beeinflussen sein Fühlen, Denken und Handeln, was häufig zu Mißverständnissen zwischen diesen Kindern und ihren

Spielkameraden, aber auch zu Irritationen bei Eltern und Pädagogen in Kindergarten und Grundschule führt.

Erst ein harmonisches Zusammenspiel der verschiedenen Sinnesbereiche bewirkt die stabile Persönlichkeit und umfassende Intelligenz eines Kindes. Deshalb muß Wahrnehmung mit allen Sinnen angebahnt und immer wieder geübt werden. Bewegung und Erfahrung gehören unmittelbar zusammen. *Das Spielbedürfnis des Kindes ist eine gute Voraussetzung für therapeutische Ansätze.* Zielgerichtet eingesetzte Spielangebote – vom Schaukeln, Rutschen, Matschen bis zu den Spielvorschlägen dieses Buches – orientieren sich an dem, was das jeweilige Kind für seine Entwicklung benötigt.

Wie Wahrnehmungsstörungen entstehen, ist auch heute noch nicht endgültig geklärt. *Mögliche Ursachen können sein*: Erbfaktoren (genetisch bedingte Besonderheiten), Schäden an Sinnesorganen, Schädigungen von Hirnzentren vor oder während der Geburt, ungünstige Umweltbedingungen (z.B. länger andauernder Reizentzug), mangelnde Raum- und Körpererfahrung, verminderte Intelligenz, körperliche Anomalien und Defekte.

Um Kinder erfolgreich therapieren zu können, bedarf es einer sorgfältigen Diagnose durch Fachleute wie Ärzte für Kinderpsychiatrie und speziell geschulte Kinderpsychologen. Drei bekannte Therapiemöglichkeiten sind z.B. Krankengymnastik, psychomotorisches Training und Ergotherapie (Beschäftigungstherapie). Die Krankengymnastik behandelt vorrangig grobmotorische Auffälligkeiten bei Säuglingen und Kleinkindern. Einen ganzheitlichen Ansatz verfolgt die Psychomotorik. Durch entsprechende Spiel- und Sportangebote versucht sie alle Körperbewegungen und Sinnessysteme einzubeziehen. Ziel der Ergotherapie, die sich vorrangig mit Kindern im Vor- und Grundschulalter beschäftigt, ist das Erlangen einer besseren Selbstorganisation. Durch kindgerechte, spielerische Angebote werden in individuellen Behandlungen Einzelfunktionen und Handlungsabläufe erarbeitet.

Für alle Therapien gilt der Grundsatz: *Je früher eine Störung erkannt wird, desto größer sind die Chancen für einen Behandlungserfolg.* Pädagoginnen und Pädagogen in Kindergarten und Grundschule können durch ihre Beobachtungen, Gespräche mit Eltern und natürlich durch eine intensive spielerische Wahrnehmungsförderung maßgeblich die gesunde Entwicklung von Kindern unterstützen.

7. Die Vorstellungswelt kontinuierlich verbessern – Wahrnehmung und Entwicklung

Das menschliche Wahrnehmungssystem erfährt im Lauf der Entwicklung eine *fortschreitende Spezifizierung.* Während Säuglinge und Kleinkinder ihre entscheidenden Umwelterfahrungen durch taktile und motorische Wahrnehmungen machen, die sie dann mit visuellen und akustischen Eindrücken verbinden, tritt die Bedeutung der taktil-motorischen Wahrnehmungen immer mehr durch Sehen und Hören zurück.

Wie abstrakt die Wahrnehmung eines Neugeborenen ist, können wir gut anhand seiner Reaktionen auf Sprachlaute beobachten. Es ist für jegliche Sprachen und Laute empfänglich und aufgeschlossen. Allmählich stellt sich ein Kind jedoch auf die Lautbilder derjenigen Sprachgemeinschaft ein, in der es lebt. Nach und nach verliert es die Fähigkeit, auf jede beliebige Sprache zu reagieren. Die Begründung dafür ist, daß es die Laute und Lautketten der Sprache, die es jeden Tag hört, zunehmend besser differenzieren kann. So wandelt sich eine allgemeine Kapazität zunehmend zugunsten einer fortschreitenden Spezifizierung. Das gilt sowohl für die Seh- und Hörschärfe als auch für die Unterscheidung von Helligkeiten und Tonhöhen. Diese *Leistungssteigerungen* sind vorwiegend eine Folge entsprechender Erfahrungen und damit von Lernprozessen zu verstehen.

Der mit steigendem Alter zunehmende Einfluß der Wahrnehmung auf den Wahrnehmungsvorgang wird besonders deutlich bei der Auffassung von Inhalten und Gegenständen, die in umgekehrter räumlicher Lage dargestellt sind. Kleinkinder betrachten z.B. oft Bilderbücher oder Abbildungen, die auf dem Kopf stehen, ohne sich daran zu stören, obwohl sie durchaus die richtige Stellung der Objekte zueinander kennen.

Für die Verbesserung der Wahrnehmungskonstanz, insbesondere der Konstanzen von Größen, Dingen, Formen, Farben und Helligkeit, spielt die zunehmende Erfahrung schließlich auch eine entscheidende Rolle. Sie ermöglicht dem Kind eine relativ gleichbleibende Wahrnehmung der Objekte bei sich verändernden Reizbedingungen wie z.B. wechselnder Helligkeit oder unterschiedlicher Entfernung.

Im Schulkindalter führen die wesentlichen Verbesserungen im Bereich der visuellen Wahrnehmung dazu, daß das Kind die Umwelt zunehmend *differenzierter* und *realitätsbezogener* aufnimmt. Die Verbesserung der Wahrnehmungsleistungen wird mitbedingt durch eine wachsende Ausdauer und stärker fixierende Aufmerksamkeitszuwendung, durch eine kritischere Einstellung Dingen gegenüber sowie mehr Planmäßigkeit und Sorgfalt beim Erfassen von Vorgängen. In Verbindung mit den bereits gemachten Erfahrungen und Fortschritten führen diese Faktoren im Bereich der visuellen Wahrnehmung zum stark *analysierenden Vorgehen beim Wahrnehmungsakt* durch das Schulkind.

Bei einem noch nicht sechs Jahre alten Kind können wir erleben, daß es sich in seinem Urteil von dem bestimmen läßt, was es mit seinen Sinnen wahrnimmt. Auf den Tisch stellen wir eine mit Saft gefüllte Flasche, daneben ein Glas, in der sich dieselbe Menge derselben Flüssigkeit befindet. Es scheint so, als sei in der Flasche viel mehr als im Glas. Wenn wir mit angesehen haben, wie der Inhalt aus der Flasche ins Glas gegossen wurde, werden wir akzeptieren, daß beide Mengen identisch sind. Für das Kindergartenkind ist im Glas weniger als in der Flasche. Nach einiger Zeit begeht es diesen Irrtum nicht mehr. Bereits das Schulkind verläßt sich nach und nach immer weniger auf das, was es sehen kann, wenn es erklären will, was es sieht. Dennoch bestimmt unsere Wahrnehmungswelt nach wie vor die Art und Weise, wie unser Wissen zustande kommt, auch wenn wir uns mit dem Unsichtbaren, dem Nichtwahrnehmbaren auseinandersetzen.

Die fortschreitende *kognitive Entwicklung* des Schulkindes führt zu einer stärker analysierenden Umweltwahrnehmung. Durch genaue Beobachtung gewinnt das Kind die Inhalte seiner Denkprozesse.

Neben der Umweltwahrnehmung ist für uns das *Raum- und Zeiterleben* von starker Bedeutung, und zwar nicht nur im Kindes-, sondern auch noch im Erwachsenenalter, wenn es um räumliche und zeitliche Orientierung geht. Hier greifen Wahrnehmungen, Vorstellungen, Begriffsbildung und schlußfolgerndes Denken eng ineinander, häufig sogar durch emotional und motivational beeinflußte Vorgänge. Was *Raumerleben* heißt, kennen wir vom Fernsehbild her. Es entsteht durch einen modulierten Lichtstrahl auf dem flachen Boden der Bildröhre. Das Bild ist also plan. Dennoch entsteht der Eindruck der Raumtiefe. Wir sehen das Fernsehbild wie eine nach hinten ausgedehnte Höhle in den Fernsehapparat hinein. Der Säugling sammelt seine ersten Raumerfahrungen bereits durch Betasten und

Greifen im Nahraum und dann durch Erfahrungen bei der eigenen Fortbewegung im Raum. Raumerleben ist auch das Einschätzen von Entfernungen, Tiefen und Größen.

Die *Zeit* erleben wir in vielschichtiger Weise: als Vergangenheit, Gegenwart und Zukunft. Das Kleinkind lebt zunächst noch ganz in der Gegenwart. Es lernt erst ganz allmählich zwischen vergangenen, gegenwärtigen und zukünftigen Ereignissen zu unterscheiden. Die Zeit als Wahrnehmungserlebnis ist auch vom Zeitbewußtsein abhängig und wird als Zeiterlebnis individuell unterschiedlich aufgenommen. Kinder und Jugendliche, aber auch aktivere Erwachsene, die konkrete Ziele und Wünsche verfolgen, haben einen verstärkten Zukunftsbezug, während besonders ältere Menschen auf die Vergangenheit ausgerichtet sind. Das Kleinkind hat noch keine Vorstellungen von einem kontinuierlichen zeitlichen Fortschreiten, es erfaßt noch nicht, was kürzer oder länger zurückliegt bzw. was schon bald oder später folgen wird. Beim Schulkind führen persönliche Erfahrungen bereits zu einer Differenzierung von Vergangenheit und Zukunft, und es lernt zunächst, zwischen näherer und entfernterer Vergangenheit und Zukunft zu unterscheiden.

Eine *pädagogisch gelenkte Förderung* der Umweltwahrnehmung hilft dem Kind, seine Wahrnehmungsleistungen kontinuierlich zu verbessern und seine Vorstellungswelt im Sinne größerer Deutlichkeit, Klarheit und Beständigkeit zu stabilisieren.

Praxis

Spielende Wahrnehmungsförderung – Anregungen zum Umgang mit den Spielangeboten

Die in dieser Sammlung gezielt zusammengestellten Spielangebote haben sich in der Praxis als unterstützende Hilfen zur Wahrnehmungsförderung in Kindergarten und Grundschule bewährt. Es handelt sich um Angebote zur Einzel- und Gruppenförderung. Sie sind klar in der Aufgabenstellung, einfach in den Handlungsabläufen, beliebig wiederholbar und sprechen alle Wahrnehmungsbereiche im Sinne ganzheitlicher Förderung an. Die Spielauswahl berücksichtigt die im Theorieteil geäußerte Erkenntnis, daß eine gelenkte pädagogische Förderung der Umweltwahrnehmung dem Kind hilft, seine Wahrnehmungsleistungen kontinuierlich zu verbessern und seine Vorstellungswelt zu stabilisieren.

Die Unterteilung der Sammlung in vier überschaubare Spielbereiche möchte Pädagoginnen und Pädagogen wie interessierten Eltern Orientierungshilfe bei der Auswahl und Zusammenstellung ihrer Spiel- und Förderungsmaßnahmen geben. Mit 69 Angeboten wird den Spielen zur taktilen und kinästhetischen Wahrnehmungsförderung besondere Aufmerksamkeit geschenkt.

Die einzelnen Angebote können nach den Bedürfnissen der Kinder und den Intentionen der Pädagogin zusammengestellt und in das Tagesprogramm eingebettet werden.

Jedes Spiel ist genau beschrieben, enthält – wo notwendig – didaktisch-methodische Hinweise sowie Angaben zu Materialien und Variationen.

Da Entwicklungsstand und Vorerfahrungen der Kinder meist Kriterien für die Auswahl einiger Spiele sind, wurde durchgängig auf eine Einteilung nach Altersstufen verzichtet. Zum schnellen Auffinden sind die Spiele von 1 bis 194 durchnumeriert und noch einmal im Spieleregister alphabetisch geordnet.

Wichtigste Voraussetzung für die Beschäftigung mit Wahrnehmungsspielen ist, daß Kinder Spaß und Freude an ihnen haben. Die Spielfolgen sollten abwechslungsreich gestaltet sein, indem die Pädagogin sowohl leise wie laute und ruhige wie bewegte Spiele anbietet. Neben Wünschen und Bedürfnissen der Kinder sind auch deren augenblickliche Verfassung und situative wie äußere Umstände zu berücksichtigen

Es liegt in der Hand der Pädagogin, eine Spielatmosphäre zu erzeugen, in der sich die Kinder wohl fühlen und Spielbereitschaft entwickeln. Dies geschieht nur dort, wo weder Dressur noch Lernstreß bestehen. Stets muß die spontane Ausdrucksfähigkeit des einzelnen Kindes erhalten bleiben.

Wahrnehmungsspiele, kontinuierlich eingesetzt, ...

... sensibilisieren die Sinne für's Erkennen, Interpretieren und Beurteilen,
... helfen Umwelteindrücke zu verarbeiten,
... fördern die geistige und seelische Entwicklung,
... sprechen die sprachliche, gestaltende und körperliche Ausdrucksfähigkeit an,
... stärken das soziale Anpassungsvermögen,
... bieten Überraschungen und ermöglichen, Neues, nicht Vorhergesehenes zu finden,
... kräftigen das Selbstvertrauen und die Eigenständigkeit,
... ermöglichen die Erfahrung von Lebensfreude durch das Genießen sinnlicher Eindrücke,
... steigern durch Spaß und freudiges Miteinander das Lebensgefühl.

1. Spiegelbilder, Gesichtsausdrücke, Wiesenerlebnisse, unglaubliche Gebilde und Schatzsuche – Spiele zur visuellen Wahrnehmung

Kinder leben heute mehr denn je in einer »Seh-Welt«. Unzählige visuelle Reize stürmen auf sie ein und müssen verarbeitet werden. Stundenlanges Fernsehen, Videogucken und Game-Boy-Spiel mit z.T. rasend schnellen Bildfolgen überfordern das einzelne Kind. Die Verinnerlichung gelingt nur, wenn Kindern genügend Zeit gelassen wird, sich mit wahrgenommenen optischen Phänomenen auseinanderzusetzen.

Etwa 75 Prozent von dem, was wir in unserer Umwelt wahrnehmen, verdanken wir unseren Augen. Sie erschließen uns die Welt in all ihren Farben, Formen und Facetten. Anschauung erreichen Kinder nur durch eigene Aktivität. Die Pädagogin kann Anschauungsprozesse durch Impulse steuern (z.B. »Schaut euch die Blätter der Blume noch genauer an!«, »Vergleicht die beiden Vögel in ihrem Aussehen!« usw.). Wichtig ist, daß die Pädagogin weiß, wohin sie die Aufmerksamkeit der Kinder lenken will, und daß sie selbst Unwesentliches von Wesentlichem trennen kann. Die Konkretheit der wahrgenommenen »Bilder« führen das Kind vom Wahrnehmen zum Denken und machen ihm immer wieder neu das Spannungsverhältnis von Anschaulichkeit und Abstraktheit, von Einmaligkeit und Allgemeingültigkeit bewußt.

Wie schwierig es ist, ohne den Gesichtssinn auskommen zu müssen, kann sich jedes Kind vorstellen, das schon einmal in einem dunklen Zimmer nach dem Lichtschalter getastet hat.

Die folgenden Spielangebote machen den Kindern deutlich, daß ihre Augen ganz besondere Fähigkeiten besitzen: Sie nehmen Personen und Gegenstände in ihrer äußeren Gestalt wahr, ermöglichen räumliches Sehen, geben Informationen über die Lage, Form und Bewegung von Gegenständen und können z.B. Farben, Größen und Helligkeit unterscheiden.

Übungsziele sind:

- genaues Beobachten
- zunehmende Differenzierungsfähigkeit
- Anschauung als Wahrnehmung (ein Apfel kann gesehen, aber auch gefühlt, gerochen und geschmeckt werden)
- Anschauung als Vorstellung (»innere« Reproduktion wahrgenommener Personen, Gegenstände oder Ereignisse)
- Erhöhung der Aufmerksamkeitshaltung (Konzentrationsförderung)
- Förderung des Reflexionsvermögens und der Interpretationsfähigkeit
- Verbesserung der Merkfähigkeit
- Ansprechen von Spiel- und Experimentierfreude

Spielangebote 1 bis 66:

1. Was steckt unterm Tuch?

Material: verschiedene Gegenstände, Tablett und Tuch.

Auf einem Tablett liegt eine Anzahl von gemischten Gegenständen (verschiedenartig nach Größe, Form, Zweck usw.) zunächst unter einem Tuch versteckt.

Auf ein Zeichen wird das Tuch entfernt, und alle betrachten bei absolutem Schweigen die Dinge ein paar Minuten lang. Dann werden sie wieder zugedeckt. Jetzt muß jedes Kind eine möglichst große Anzahl der Gegenstände nennen, die sich auf dem Tablett befinden.

Variation: erschwerte Form: Die Gegenstände müssen beschrieben werden. Welche Form, Farbe usw.?

2. Platzwechsel

Die Kinder sitzen im Stuhlkreis. 1 Kind verläßt den Raum. 2 Kinder tauschen jetzt ihre Plätze. Das hereingerufene Kind hat nun die Aufgabe, den Platzwechsel zu erraten. Beobachtungsgabe und Merkfähigkeit werden bei diesem Spiel geübt.

3. Entdeckerspiel

Die Pädagogin benennt 3 Dinge, die unterwegs auf einem Spaziergang entdeckt werden müssen: z.B. ein großer Hund, eine Frau mit Kinderwagen, ein Radfahrer. Wer als erster einen der Gegenstände sieht, meldet sich sofort. Er darf dann die nächsten 3 Objekte nennen, die zu suchen sind.

4. Spiegelbilder

Material: mehrere aufstellbare Spiegel, Zeichenpapier, Wachsmalkreiden in möglichst allen Farben, Tuschkästen.

Die Kinder beschäftigen sich bei diesem Malspiel mit ihrem Spiegelbild. Sie betrachten ihr Gesicht, ihre Körperproportionen und ihre Kleidung. Der Schwerpunkt liegt im genauen Betrachten und Wiedergeben des Gesichts.

Alle Kinder sitzen an einem langen Tisch, auf dem für jedes Kind ein Spiegel steht und ein Papierbogen bereitliegt. Die Pädagogin lenkt die Aufmerksamkeit der Kinder auf ihre unterschiedliche Haarfarbe, auf die Augen, die Nase und den Mund. Anschließend erhält jedes Kind genügend Wachsstifte. Unter Zuhilfenahme des Spiegels malen sich nun alle. Am Schluß schauen sich Kinder und Pädagogin die Bilder gemeinsam an und versuchen, die typischen Merkmale eines jeden herauszufinden. Die fertigen Bilder können als »Portraitgalerie« für einige Zeit den Gruppen- bzw. Klassenraum schmücken, ehe jedes Kind sein Bild mit nach Hause nimmt.

Variation: Statt eines Portraits malen sich die Kinder ganz. Dafür bilden wir Paare. Jeweils ein Kind legt sich auf einen großen Papierbogen (Makulaturpapier oder Tapetenrolle). Das andere zeichnet die Körperumrisse mit Wachsmalkreide oder einem dicken Filzstift. Die Fläche wird vom abgezeichneten Kind mit Wasserfarben ausgemalt. Am Schluß werden die fertigen Bilder gemeinsam betrachtet und besprochen.

5. Lückenpantomime

Dieses Spiel enthält Elemente der Ketten- und Scherzpantomime. Die Spieler werden in Dreier- bis Fünfergruppen aufgeteilt. Die Gruppen denken sich alltägliche Handlungen aus, wie Morgentoilette, Essenszubereitung, Aufräumen usw., und spielen sie nach einer kurzen Einübungsphase den anderen vor. Beim Vorspielen wird aber ein wichtiger Teil der Szene ausgelassen, z.B. wird beim Zähneputzen die Zahnpastatube nicht wieder zugeschraubt, beim Anziehen nur ein Schnürsenkel zugebunden …

Die Szene soll möglichst echt gespielt werden, während die anderen Gruppen genau beobachten und mit nicht mehr als zwei Versuchen zu erraten haben, was gefehlt hat.

6. Ich seh' was

Material: genügend geeignete Gegenstände im Raum.

Das wohl bekannteste optische Wahrnehmungsspiel:

Ein Kind schaut sich im Raum um und wählt einen für alle gut sichtbaren Gegenstand. Dieser hat z.B. eine rote Farbe. Das Kind sagt: »Ich seh' etwas, was ihr nicht seht, und das ist rot.«

Alle anderen dürfen sich nun melden und raten. Falls die Aufgabe schwer lösbar ist, dürfen Tips gegeben werden. Wer sie gelöst hat, darf als nächster fragen.

7. Die Hälfte vom Ganzen

Material: 15 bis 30 Ansichtskarten.

Je nach Teilnehmerzahl werden 15 bis 20 Ansichtskarten diagonal oder in der Mitte durchgeschnitten. Linke und rechte Kartenhälften werden sorgfältig auf zwei Haufen gelegt. Nun verteilt der Spielleiter die linken Hälften überall im Raum (verstecken!), während die übrigen Mitspieler draußen warten. Sind alle Kartenhälften versteckt, werden die anderen Mitspieler hereingerufen und bekommen die rechte Kartenhälfte. Sie müssen nun die dazugehörende Kartenhälfte suchen. Jeder darf sich eine neue rechte Kartenhälfte holen, wenn er das erste Pärchen vervollständigt hat. Sieger ist, wer zum Schluß die meisten vollständigen Karten besitzt.

8. Tierpaare

Material: Bildkarten mit einfachen Tiermotiven.

Alle Kinder erhalten eine Bildkarte (oder einen Zettel), auf dem ein Tier abgebildet ist. Von jeder Tierart sind 2 Karten im Spiel. Sie werden gut gemischt und verteilt. Jedes »Tier« (z.B. Frosch, Schlange, Adler, Hund, Katze) muß nun sein Gegenstück finden, indem es charakteristische Bewegungen ausführt. Empfehlung: Die Pädagogin erzählt von der Arche Noah. Ein schönes Spiel, bei dem es um freies Bewegen, genaues Beobachten, Erkennen und Zuordnen von Bildmotiv und Bewegungsabläufen geht.

9. Gesichtsausdrücke

Material: 1 Stapel Illustrierte, 2 große Bogen Tonpapier, Scheren, Klebstoff.

Freude und Traurigkeit werden mit Hilfe von Gestik und Mimik ausgedrückt und dadurch erkannt. Warum ist man fröhlich oder traurig?

Die Pädagogin zeigt den Kindern im Sitzkreis nacheinander verschiedene Bilder von lachenden, weinenden, traurigen Personen. Die Kinder werden gefragt, warum wohl der eine oder andere traurig oder fröhlich ist. Es wird zu den Begriffen »Freude« und »Traurigkeit« gelenkt. Die

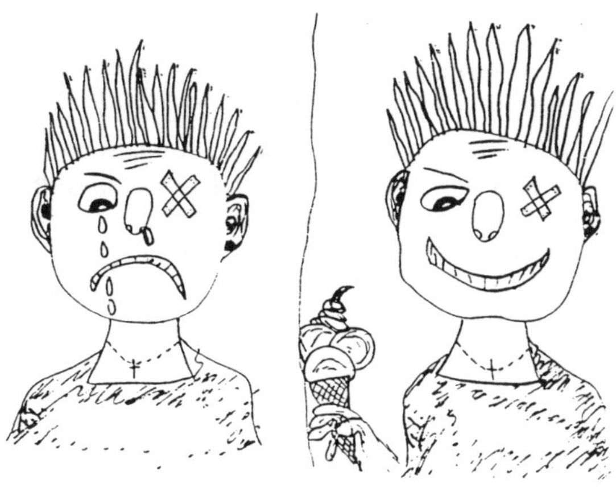

Kinder erzählen, wann sie einmal fröhlich oder traurig waren. Aus einer bereitgelegten Illustrierten schneidet die Pädagogin ein »trauriges Gesicht« und ein »fröhliches Gesicht« aus und klebt sie auf einen Bogen Tonpapier. Die Kinder setzen sich jetzt an einen vorbereiteten Tisch. Sie schneiden aus Illustrierten Köpfe aus und kleben sie auf 2 auseinanderliegende Tonpapierbogen.

Die Collage wird gemeinsam betrachtet und besprochen.

Die Kinder lernen Gesichtsausdrücke, in diesem Fall zwei Extreme, wahrzunehmen, zu erkennen und sich darauf einzustellen (Sensibilisierung). Im Gespräch erfährt es, daß es nicht nur glückliche Menschen gibt und wie man ihnen eventuell helfen kann.

10. Was wurde weggenommen?

Material: mehrere beliebige Gegenstände.

Auf dem Tisch (Fußboden) liegen etwa 8 bis 15 Gegenstände.

Alle Kinder schließen die Augen. Die Pädagogin nimmt einen auffälligen Gegenstand weg. Alle raten, was sie weggenommen hat.

Wer es errät, darf den nächsten Gegenstand verstecken.

11. Wer ist der Schatten?

Material: Bettlaken, Lampe, Befestigungsvorrichtung für das Laken.

Für dieses Spiel spannen wir ein Bettlaken auf (z.B. straff mit Reißzwekken in einem Türrahmen befestigt). Der Raum wird abgedunkelt. Nur etwa 2 Meter vom Laken entfernt steht eine Lampe.

Mehrere Kinder verlassen nun den »Zuschauerraum« und gehen nach draußen. Zwischen Lampe und gespanntem Bettlaken steht jedoch immer nur 1 Kind. Es darf beliebige Verrenkungen machen, kriechen, hüpfen, tanzen und lustige Laute ausstoßen. Die hinter dem Laken sitzenden Mitspieler (in der Rolle der Zuschauer) versuchen zu erkennen, wer sich hinter dem Schatten verbirgt.

Schattenspieler und Zuschauer wechseln nach einem Gruppendurchgang die Rollen.

12. Verrückter Frühstückstisch

Material: Geschirr.

Wir decken den Tisch für 6 bis 8 Kinder zum Frühstück. 2 Kinder drehen sich um, während 2 andere einige Teile auf dem Tisch verändern (z.B. einen Teelöffel wegnehmen, eine Tasse auf den Frühstücksteller stellen usw.). Was stimmt nicht mehr?

13. Kartonversteck

Material: ca. 8 bis 10 große Kartons.

Die Kinder verstecken sich hinter, unter und in bunt herumstehenden und -liegenden Kartons. Von einem vorher festgelegten Punkt aus hat 1 Kind die Aufgabe herauszufinden, wo sich ein Mitspieler versteckt hält. Vielleicht läßt sich auch noch erraten, wer es ist?

14. Bausteinsuche

Material: jeweils 4 Bausteine gleicher Form und Farbe.

Die Pädagogin versteckt in einem anderen Raum für jedes Kind jeweils 3 Bausteine der gleichen Form und Farbe; den 4. Baustein erhält das Kind selbst.

Nun müssen die Kinder nach den ihnen fehlenden Steinen suchen. Wer einen Stein entdeckt, der ihm nichts nützt, muß ihn im Versteck liegenlassen. Findet ein Kind nach einem längeren Zeitraum seine Steine nicht, dürfen ihm die anderen beim Suchen helfen. Wer fertig ist, darf mit seinen und den Bausteinen der anderen noch etwas bauen.

15. Veränderungen von Geisterhand

Alle Kinder bis auf eines verlassen den Raum, nachdem sie sich in diesem noch einmal gründlich umgesehen haben. Das zurückbleibende Kind (oder die Pädagogin) ändert nun allerlei Dinge im Raum um. Es nimmt z.B. ein Bild von der Wand, vertauscht Stühle, hängt eine Uhr um, stellt eine Vase auf einen anderen Platz. Danach werden die anderen Spieler in den Raum zurückgerufen und müssen nun erraten, was sich durch Geisterhand verändert hat. Ein spannendes Spiel, bei dem die Beobachtungs- und Merkfähigkeit gefördert werden.

16. Eßpantomime

Die Kinder überlegen sich, wie eine bestimmte Speise charakteristisch gegessen wird. Pantomimisch »essen« die Kinder z.B. Spaghetti, Hähnchen, Pizza, ein zähes Schinkenbrot, eine Apfelsine oder Banane usw. Wer erkennt, was der einzelne gegessen hat, darf die nächste Eßpantomime vorführen.

17. Mondgesicht

Material: 1 Stock oder Holzlöffel.

Alle Kinder sitzen im Kreis. Die Pädagogin beginnt, indem sie mit dem Stock ein »Mondgesicht« auf den Boden vor ihren Füßen malt. Dabei spricht sie als begleitenden Text »Der Mond ist rund, der Mond ist rund, er hat zwei Augen, Nas' und Mund«. Das »Malen« des Mondgesichtes geschieht mit der rechten Hand. Danach wird der Stock mit der linken Hand an den rechten Nachbarn weitergegeben.

Und nun geht es reihum in der gleichen Weise. Weder Text noch Gemälde sind dafür ausschlaggebend, ob es einer richtig gemacht hat, sondern lediglich die Tatsache, daß mit der rechten Hand gemalt und mit der linken Hand weitergegeben wird. Die Pädagogin erklärt jedesmal, ob es richtig oder falsch gemacht wurde, verrät aber natürlich nicht den Grund. Wer es nicht gleich beim erstenmal begriffen hat, schafft es vielleicht bei der 1. oder 2. Wiederholung. Ein Spiel zur Schulung der Beobachtungsgabe und Grobmotorik.

18. Sortieren

Material: beliebig.

Nahezu alles läßt sich sortieren: Langes und Kurzes, Schmales und Breites, Großes und Kleines, Dickes und Dünnes.

Auf einem Teller sind Erbsen, Bohnen, Sonnenblumenkerne und Linsen vermischt. Die Kinder ordnen, was zusammengehört, und erkennen es.

19. Schatzsuche

Material: beliebige Gegenstände wie Spielzeugauto, Pappfigur, Flasche, Würfel, Tasse und ähnliches; vorbereitetes Arbeitsblatt.

Beobachtungsfähigkeit, Schnelligkeit und das Wiedererkennen der abgebildeten Gegenstände stehen im Mittelpunkt dieses Spiels.

Die Pädagogin hat für jedes Kind 1 Blatt Papier vorbereitet, auf dem 5 Gegenstände abgebildet sind, die von ihr auf dem Spielgelände zuvor versteckt wurden. Auf ein Startzeichen beginnen die Kinder mit der Suche. Wer nach 3 Minuten die meisten Gegenstände gefunden hat, ist Sieger.

20. Bildausschnitte

Material: schwarzes Tonpapier (oder alte Heftumschläge), Bilderbuch bzw. Bildmaterial, Schere.

In ein festes, schwarzes Papier im DIN-A4-Format schneiden wir 3 Löcher (klein, mittel und größer). Das Lochpapier legen wir auf eine Bilderbuchseite, ein Kalenderblatt oder auf ein Illustriertenfoto, so daß nur Ausschnitte des Bildes sichtbar sind. Die Kinder raten jetzt, wozu das sichtbare Detail gehört. Wer richtig geraten hat, darf die nächste Aufgabe stellen. Ein Wahrnehmungsspiel, das Kindern großen Spaß macht und an dem sich die ganze Gruppe beteiligen kann.

21. Blick in den Spiegel

Die Kinder stellen sich paarweise im Abstand von etwa 1 Meter frontal gegenüber.

Die Partner agieren abwechselnd als »Spiegelbenutzer« und »Spiegelbild«. Dabei ist zu beachten, daß der Spiegel ein virtuelles Bild erzeugt, bei dem rechts und links vertauscht sind. Die Bewegungen sollen in Zeitlupe ablaufen, und die Spieler sollen Augenkontakt zum Partner halten.

Variation: Die Spieler bilden einen Kreis, und alle werden zu Spiegeln erklärt. Einer tritt in die Mitte und führt verrückte Bewegungen aus. Die anderen sind »Spiegel« und ahmen seine Bewegungen genauestens nach.

22. Im Schuhladen

Alle Kinder ziehen ihre Schuhe aus und legen sie auf einen Haufen am Ende des Raumes. Dann bilden sie 2 Riegen, und um die Wette muß nacheinander jeder die Schuhe seines Hintermannes holen und sie ihm schnell anziehen. Dabei muß sich jedes Kind die Schuhfarben der anderen gut einprägen. Verwechslungen machen das Spiel auch noch lustig.

23. Beobachtungstour im Wald

Im Wald gibt es viel zu entdecken.

Zuvor geht die Pädagogin in den Wald und sucht für die Entdekkungstour ein geeignetes Waldstück aus.

Die Kinder bekommen Beobachtungsaufgaben:

- Erforschen, in welchen Bäumen Vögel wohnen.
- Vogelnester betrachten, alte Vogelnester untersuchen.
- Höhlen der Vögel (vom Schwarzspecht) suchen, Hornissen- und Wespennester suchen.
- In »totem« Holz Insekten, wie z.B. Ameisen, aufspüren.
- Blätter, die auf dem Waldboden liegen, nach Fraßspuren von Insekten absuchen.

24. Wer steckt unter dem Laken?

Material: 1 Laken oder 1 leichte Decke.

Die Kinder stehen im Kreis; das Gesicht zeigt nach außen, und die Augen sind geschlossen. Die Pädagogin schiebt die Kinder durcheinander, so daß niemand mehr weiß, wo der andere steht. Schließlich führt sie ein Kind in die Mitte, läßt es niederhocken und wirft ein Laken (oder eine leichte Decke) über es. Auf ein Signal drehen sich nun alle anderen um. Welches Kind weiß zuerst, wer fehlt? Wie genau nehmen wir die anderen in unserer Gruppe wahr? Ein Spiel, bei dem es auch um schnelles Erfassen der Lage geht.

25. Dinge wechseln ihren Platz

Alle Kinder schließen die Augen. Die Pädagogin läßt 2 Gegenstände ihren Platz wechseln. Wer die Gegenstände benennen bzw. zeigen kann, darf die gleichen oder andere Gegenstände in der nächsten Spielrunde verstecken.

26. Paarsuche im Katalog

Material: eine große Anzahl von Bildern aus Katalogen, Zeitschriften o.ä.

Die Kinder sitzen um den Tisch herum. Wir legen in die Mitte möglichst viele Bilder. Jedes Kind hat die Aufgabe, damit Paare zusammenzustellen, die sachlich zusammengehören, z.B. Reifen und Autos, Ei und Eierbecher, Schrank und Holz usw. Die Zusammengehörigkeit ist zu begründen.

Variation: Die Gegenstände sollen dem gleichen Oberbegriff zugeordnet werden, z.B. Messer, Tasse und Teller = Eßgeschirr.

27. Alle Kinder mit Sommersprossen

Die Kinder bilden einen Kreis. Die Pädagogin bittet die Kinder, sich selbst genau zu betrachten. Dann ruft sie: »Alle Kinder mit blauen Hosen kommen in den Kreis.« Nach kurzer Kontrolle, ob die Aufgabe von allen richtig verstanden wurde, laufen alle Kinder auf ihre Plätze zurück. Die Pädagogin – später auch ein Kind – stellt die nächste Aufgabe: »Alle Kinder mit schwarzen Schuhen ..., mit hellem Haar ... usw.« Es kann auch ein Scherz eingefügt werden: »Alle Kinder, die zehn Finger (zehn Zehen, zwei Hände usw.) haben ...«

Dieses Beobachtungs- und Differenzierungsspiel muß zügig gespielt werden.

28. Körperbilder

Material: je Kind 1 großer Papierbogen (Makulaturpapier), Tuschkasten, Pinsel, Wasser.

Die Kinder zeichnen die Konturen ihres Körpers auf großen Papierbögen nach. Die Fläche wird mit Wasserfarben ausgemalt, wobei die Kinder die äußeren Merkmale wie Haarfarbe, Augenfarbe, Nase, Ohren, aber auch Körperteile wie Schulter, Arme, Hände usw. einträgt und benennt.

Im Stuhlkreis kann sich ein Gespräch über die Funktion, die Aufgabe und den Schutz unserer Körperteile entwickeln, z.B. über die Augen, Ohren, Nase, Haut und den Magen. Alle Kinder haben hiermit positive, aber auch schmerzhafte Erfahrungen, so daß sich gute Gesprächsansätze ergeben.

29. Alles schaut zum Dirigenten

Ein Kind wird zum Dirigenten auserkoren. Dann einigt sich das Orchester auf ein Musikstück, das gespielt werden soll.

Sind Instrumentarium und Spielplan erklärt, geht es an die Ausführung. Der Dirigent dirigiert das abgesprochene Musikstück, und die Instrumente spielen im angegebenen Takt – jedoch völlig lautlos. Lediglich die Mimik und die Bewegungen der Instrumentalisten werden imitiert. Der Dirigent kann sowohl das ganze Orchester zum Spiel anhalten als auch von einzelnen Instrumenten ein Solo spielen lassen. Der gemeinsame Schlußakkord wird gefühlvoll, aber für das Publikum laut wahrnehmbar zu Gehör gebracht.

Das harmonische Zusammenspiel der Instrumente wird das begeisterte Publikum anhalten, Zugaben zu verlangen.

30. Hell und dunkel

Material: 1 Tablett oder Brett, verschiedene hell- und dunkelfarbige Scheiben.

Bei diesem Spiel nehmen die Kinder den Unterschied zwischen hell und dunkel wahr.

Die Pädagogin hat den im Stuhlkreis sitzenden Kindern 1 Tablett mitgebracht. Auf ihm liegen helle und dunkle Farbscheiben. Jedes Kind nimmt sich eine, und gemeinsam wird unterschieden (hellgrün – dunkelgrün usw.).

Variation: 1 Brett mit dunkler und heller Hälfte wird verwendet. Die Kinder ordnen die Farbscheiben der jeweiligen Bretthälfte zu.

31. Museumsspiel

Material: Bildkarten.

Naturkundliche Museen sind besonders gut geeignet, um auch schon 4jährigen Kindern die heimatliche Tierwelt näherzubringen und ihre Wahrnehmung und ihr Interesse auf diesen Bereich zu lenken. Im Kindergarten wird (im Stuhlkreis oder am Tisch) mit Hilfe von Bildkarten als Anschauungsmaterial über bekannte und unbekannte Tiere gesprochen.

Beim Museumsbesuch erhält dann jedes Kind 1 oder 2 Bildkarten. Ist das auf dem Kärtchen abgebildete Tier im Museum zu finden?

32. Wenn-Dann-Memory

Material: pro Spielgruppe ca. 60 vorbereitete Bildkärtchen (ca. 5x5 cm).

Die Pädagogin legt auf die Tischmitte 60 Bildkärtchen, die alle auf der Vorder- und Rückseite ein verschiedenes Bild haben. Jedes Kind schaut sie genau an und versucht, sich so viele Bilder wie möglich einzuprägen. Dann werden die Karten umgedreht. Das erste Kind deutet auf eine Karte und sagt: »Wenn auf der Vorderseite ... (z.B. ein Hase) ... ist, dann muß auf der Rückseite ... (z.B. ein Baum) ... sein!« Nun nimmt es die Karte und schaut nach. Hat es sich richtig erinnert, darf es die Karte behalten, wenn nicht, muß es sie wieder in die Mitte legen. Sieger ist, wer zum Schluß die meisten Karten besitzt.

33. Gut beobachtet

Die Pädagogin erzählt: »Jeden Tag sehen wir zu Hause und auf der Straße viele Dinge. Wir nehmen sie wahr. Halten wir jedoch inne und fragen uns, was wir gesehen haben, dann fällt uns die Antwort schwer. Weißt du, ohne hinzusehen, welche Farbe deine Strümpfe haben? Du hast sie doch heute erst angezogen ...« Mit einigen Fragen testen wir die Beobachtungsgabe:

1. In welche Richtung blickt die Frau auf dem 50-Pfennig-Stück? (Vom Beobachter aus nach rechts.)
2. Auf welcher Seite befinden sich bei Herrenhemden die Knopflöcher? (Auf der linken.)

3. In welche Richtung gehen die Menschen beim Verkehrsschild »Fußgängerüberweg«? (Nach links.)
4. Wie schwingen beim Gehen unsere Arme – mit den Beinen oder gegen den Beinrhythmus? (Gegen den Beinrhythmus.)

Gemeinsam entwickeln wir mit den Kindern weitere Beobachtungsaufgaben.

34. Hände erkennen

Material: Vorhang.

2 Gruppen werden gebildet; die eine verschwindet hinter einem Vorhang. Der Reihe nach werden bloße Hände vorgezeigt. Die Zuschauer sollen die »Besitzer« der Hände erraten.

35. Mäntelraten

Material: Kleidungsstücke.

Florian geht hinaus und zieht sich den Mantel von Felix an. Er kommt wieder herein. Felix, der seinen Mantel erkennt, darf weder sprechen noch lachen. Die anderen Kinder müssen den Besitzer des Mantels erraten. Wer den Mantel zuerst erkennt, darf beim nächsten Mal hinausgehen und einen anderen Mantel anziehen.

Variation: Statt Mäntel kann man Frühstückstaschen erraten lassen.

36. Wir tun so, als ob …

Die besondere Spielqualität der Pantomime liegt für Kinder im Üben der visuellen Wahrnehmung, des Ausdrucks, im Entwickeln von Ideen, im genauen Beobachten und Wiedergeben. Die Pantomime fordert gespannte Aufmerksamkeit bei der Ausführung durch den Darsteller und beim Zuschauen und Erkennen der Szene durch das Publikum.

Die Pädagogin läßt die Kinder nacheinander gemeinsam verschiedene Handlungen pantomimisch darstellen. Sie sagt: »Wir tun so, als ob wir …

… unsere Zähne putzen,
… in die Hose steigen und die Jacke zuknöpfen,
… die Schnürsenkel unserer Schuhe zubinden,
… unsere Kindergartentasche (Schultasche) zusammenpacken,
… einen Knopf annähen,
… die Zeitung (ein Bilderbuch) lesen (betrachten),
… einen Ball werfen und fangen,
… Fußball spielen,
… ein Musikinstrument spielen,
… miteinander telefonieren,
… uns begrüßen,
… zu zweit einen Turm bauen,
… uns zu zweit etwas zuflüstern,
… Auto fahren.«

Die Handlungen lassen sich beliebig erweitern. Das Spiel kann lebendig ausklingen, indem die Pädagogin mitteilt: »Wir tun so, als ob wir Turnen hätten …« Alle Kinder springen, hüpfen, laufen durch den Raum.

37. Was bin ich?

Ein Kind steht in der Mitte des Kreises und wird nun aufgefordert, sich einen Beruf und das dazugehörige Material (z.B. Handwerkszeug) auszudenken. Es nennt den anderen aber nur Dinge, die bei der Arbeit benötigt werden (z.B. Nadel, Pinsel, Löffel usw.). Die Kinder sollen nun erraten, in welchem Beruf die Gegenstände benötigt werden. Wer es zuerst gefunden hat, stellt die nächste Aufgabe.

Variation: Das Kind führt Bewegungen aus, die den Beruf erkennen lassen.

38. Wiesenerlebnisse

Material: ca. 10 m Schnur/Band je Kind.

Ein schönes Spiel im Freien: Für jedes Kind wird in der Wiese (kurz bevor sie gemäht wird) eine Schnur gespannt. Jedes Kind bekommt 1 Lupe, 1 Stift und 1 Malblock. Jetzt gehen die Kinder entlang ihrer Schnur auf

»Wahrnehmungsreise«. Sie beobachten, was sich entlang der Schnur bewegt, krabbelt, lebt und wächst. Das können kleine Tiere sein (Raupen, Heuschrecken), ein vierblättriges Kleeblatt oder ein Schneckenhaus.

Die Kinder betrachten ihre Funde genau und malen auf, was sie gesehen haben.

39. Hier stimmt was nicht

Material: siehe Spielbeschreibung.

In einem vorher zu bestimmenden Gelände müssen die Kinder die Dinge entdecken, welche nicht durch die Natur hierher gebracht wurden. Das sollten Dinge sein, die je nach Alter und Erfahrungsstand der Kinder vorher von der Pädagogin entsprechend ausgewählt wurden. Im Garten können z.B. Südfrüchte liegen, im Baum Glühbirnen hängen, im Glascontainer Papier und auf dem Komposthaufen eine Flasche liegen. Der Phantasie sind keine Grenzen gesetzt.

40. Das Sachensucherspiel

Material: vorbereitete Listen.

Grundschulkinder bekommen eine Liste, Kindergartenkinder bekommen die Dinge mündlich mitgeteilt oder aufgezeichnet, die sie, wie einst Pippi Langstrumpf, suchen sollen. Für die Kleineren sollte die Liste der zu sammelnden Dinge höchstens 5 Punkte umfassen. Das könnten sein:

1. Etwas Lebendiges
2. Etwas besonders Weiches
3. Etwas besonders Umweltfreundliches
4. Etwas besonders Stacheliges
5. Etwas Glitzerndes u.a.m.

Die Kinder können auch zu zweit oder zu dritt gehen. Gelände bzw. Gebiet wurde vorher abgesprochen. Das hat den Vorteil, daß die Kinder gemeinsam abklären müssen und die Relativität von Einschätzungen kennenlernen.

41. Schnellzeichner

Material: ca. 40 Bogen Papier (oder alte Tapetenbahn), dicke, schwarze Filzstifte oder: Tafel und Kreide; ca. 40 vorbereitete Kärtchen mit Begriffen (Abbildungen).

Es werden 2 gleich große Gruppen gebildet. Jede entsendet einen Mitspieler. Er muß einen Begriff (bei größeren Kindern kann es auch ein Sprichwort sein), der ihm von der Spielleitung zugeflüstert wird, zeichnerisch so darstellen, daß er von seiner Gruppe möglichst schnell erraten wird.

Es werden mehrere Runden gespielt, wobei jeder einmal in der Rolle des Zeichners und des Ratenden sein sollte. Gemalt wird auf einem großen Papierbogen oder an einer Tafel. Die Pädagogin als Spielleiterin stoppt die Zeit, in der die einzelnen Begriffe erkannt wurden. Als Ratezeit kann von der Gesamtgruppe vor Spielbeginn z.B. 1 Minute für jeden Begriff festgelegt werden. Welche Gruppe löst am schnellsten alle ausgegebenen Begriffe? Der Schwierigkeitsgrad der Aufgabe richtet sich nach der altersmäßigen Zusammensetzung der Teilnehmer.

42. Heiß, kalt

Material: Gegenstand zum Verstecken und Suchen.

Ein Kind muß einen versteckten Gegenstand suchen und wird von der Gruppe gelenkt. Ein Spieler wird hinausgeschickt, im Raum wird ein Gegenstand versteckt. Ist der Suchende nahe am Versteck, ruft die Gruppe »heiß«, ist er weiter entfernt, wird es lauwarm oder kalt. Er kann auch mit lautem oder leiserem Summen, Klatschen oder Stampfen zum Versteck geführt werden.

43. Was hat sich verändert?

Um aufmerksames, konzentriertes Beobachten geht es bei diesem Spiel.

Die Gruppe stellt sich in 2 Reihen einander gegenüber. Eine Minute lang versuchen die Kinder, sich das Aussehen des jeweiligen Partners in der anderen Gruppe einzuprägen. Dann drehen sich die Kinder um, damit sie einander nicht sehen können. Jedes Kind verändert 2 äußere Merkmale an sich selbst (Hosenbein hochkrempeln, Schuhband öffnen, Ärmel hochziehen usw.). Alle wenden sich wieder einander zu und versuchen, die Veränderung an ihrem Partner festzustellen.

44. Domino

Material: Dominosteine.

An jedes Kind werden 4 Dominosteine ausgegeben. Die anderen Steine liegen mit den Augen nach unten an der Seite. Das Kind mit der höchsten Doppelzahl beginnt anzulegen. Ist keine Doppelzahl im Spiel, beginnt das Kind mit der höchsten Augenzahl. Wer nicht anlegen kann, muß so lange ziehen, bis er die passenden Augen gefunden hat. Gewonnen hat bei diesem Spiel, wer zuerst alle Steine angelegt hat.

45. Veränderungen in Wald und Gelände

Die Pädagogin teilt die Kindergruppe in 2 Kleingruppen A und B auf. Beide Gruppen gehen eine kurze Wegstrecke ab (je nach Alter, Erfahrung und Entwicklungsstand der Kinder bemessen, maximal jedoch etwa 100 Meter). Sie prägen sich den Boden, die Büsche und die nähere Umgebung der Wegstrecke gut ein, achten auch auf Kleinigkeiten. Nun kehren alle zum Ausgangspunkt zurück. Gruppe A erhält den Auftrag, innerhalb der begangenen Wegstrecke etwa 10 Veränderungen vorzunehmen: einen Stein auf die andere Seite legen, Dinge, die nicht in den Wald gehören, dort hinlegen, Laubhaufen umschichten oder Tannenzapfen unter einen Laubbaum legen.

Gruppe B versucht, die Veränderungen herauszufinden. Ein zweiter Durchgang, mit vertauschten Rollen, sollte erfolgen. Am Ende des Spiels werden selbstverständlich alle »waldfremden« Gegenstände wieder eingesammelt.

46. Oberaffe

Wir bilden einen Stuhlkreis. Ein Kind beginnt mit einer Bewegung (z.B. mit der rechten Hand hinterm Ohr kratzen, mit beiden Händen auf die Schenkel klopfen usw.). Alle anderen Mitspieler machen die Bewegungen des »Oberaffen« genau nach.

Variation: Jeweils 1 Spieler bekommt den Auftrag zu erraten, wer der (vorher von der Gruppe festgelegte) Oberaffe ist. Er muß dann seine Mitspieler genau beobachten.

47. Unsichtbare Gegenstände

Die Kinder bilden einen Sitzkreis. Die Pädagogin gibt eine unsichtbare, verformbare Masse herum. Jeder Mitspieler formt irgendeinen Gegenstand, verwendet ihn in beliebiger Weise, knetet dann die Masse wieder zusammen und reicht sie dem nächsten.

Beobachten Sie einmal, welche originellen Ideen die Kinder in diesem Spiel umsetzen.

48. Unglaubliche Gebilde

Für dieses Spiel fotokopiert die Pädagogin die geometrischen Figuren und optischen Täuschungen auf den folgenden Seiten und legt sie dann nacheinander den Kindern zur Einzelbetrachtung vor.

Beim genauen Betrachten haben die Kinder viel Spaß, besonders dann, wenn sie feststellen, daß die Gebilde um so merkwürdiger werden, je länger sie hinschauen. Die Kinder erfahren, daß diese »optischen Täuschungen« auf sogenannen »Trugbildern« beruhen und nicht etwa auf Fehlern ihres Auges.

48.1 Vase oder Gesichter?

Pädagogin: »Schaut euch das Bild genau an. Was seht ihr? Wer erkennt zuerst zwei Gesichter im Profil, wer nur eine Vase?«

48.2 Wie viele Kugeln passen in das Quadrat? (Lösung: 8.)

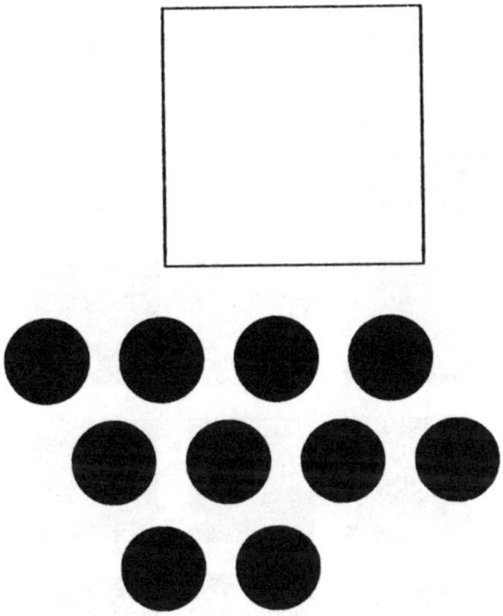

48.3 Ist der Querbalken des großen **T** genauso lang wie der senkrecht stehende? Zuerst schätzen die Kinder und messen dann mit Hilfe der Pädagogin nach.

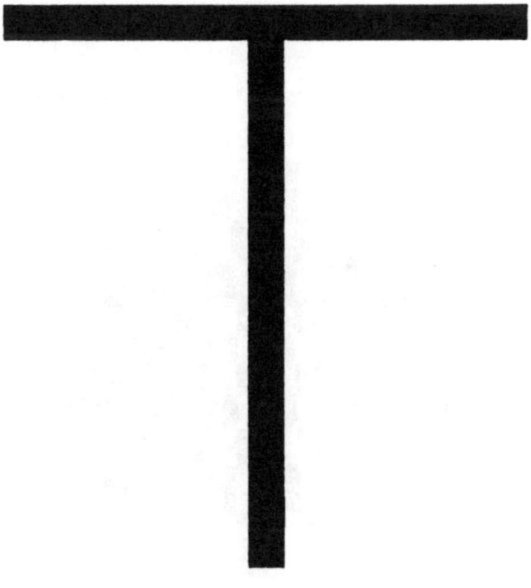

48.4 Gitter mit Schatten

Die Kinder betrachten genau das Gitterbild. Nach einiger Zeit meinen sie an den Kreuzungspunkten dunkle Schatten zu sehen. Wir erklären ihnen, daß dieses nur eine Täuschung sei, weil jedes Auge nach einer bestimmten Zeit ermüdet und in der Aufmerksamkeit (bzw. Konzentration) nachläßt. Die Konzentration läßt an den Stellen zuerst nach, die am stärksten beansprucht werden. Hier sind es die weißen Stellen.

48.5 Verzerrtes Schachbrett

Pädagogin: »Ihr habt sicher schon ein Schachbrettmuster gesehen. Wenn ihr euch dieses anschaut, sieht es verzerrt (bzw. verbogen) aus. Haltet das Bild jetzt dicht vor die Augen (in einem Abstand von ca. 4 cm). Was seht ihr jetzt?«

Die Kinder sehen das Schachbrettmuster nicht mehr verzerrt, sondern völlig regelmäßig.

48.6 Schwarze und weiße Punkte

Die Kinder sollen zuerst durch Schätzen und dann durch Nachmessen herausfinden, ob die mittleren Punkte in den Abbildungen gleich groß sind.

A)

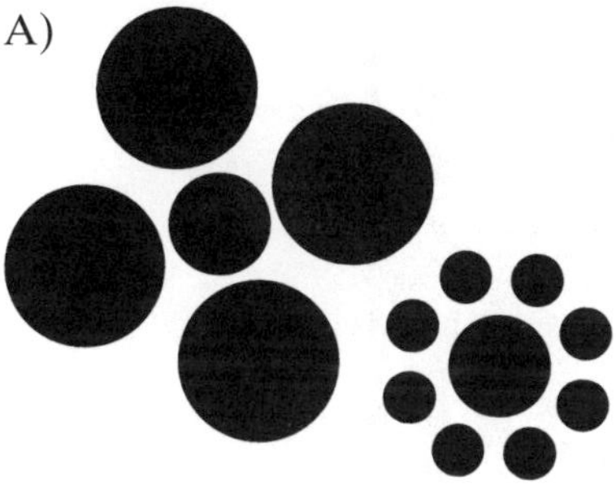

B)

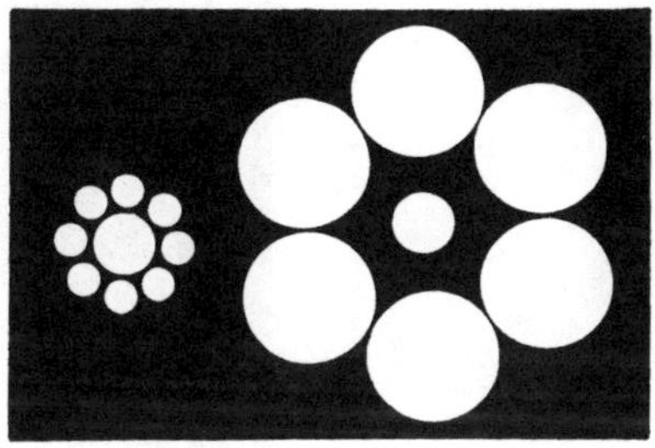

48.7 Mondlandung

Pädagogin: »Haltet euch das Bild direkt vor die Nasenspitze, so daß sie den Punkt in der Mitte berührt. Was passiert jetzt?«

Die Kinder stellen erstaunt fest, daß sich die Rakete auf den Mond zubewegt. Drehen die Kinder die Abbildung jetzt auch noch langsam gegen den Uhrzeigersinn, so steigt die Rakete auf und fliegt davon.

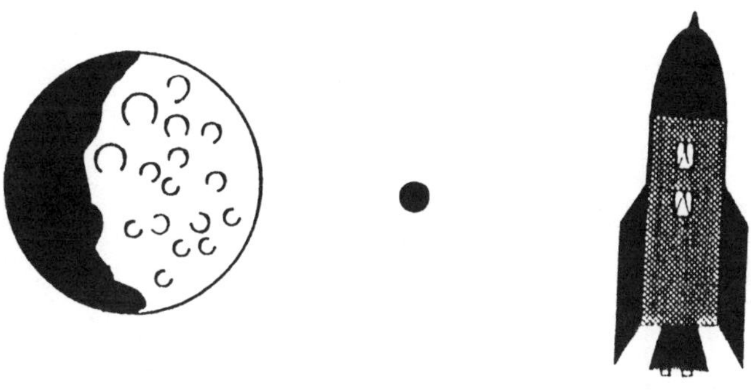

48.8 Breiter oder höher?

Die Kinder versuchen herauszufinden, ob diese Zickzackfigur breiter als hoch ist. Zuerst wird geschätzt, dann nachgemessen.

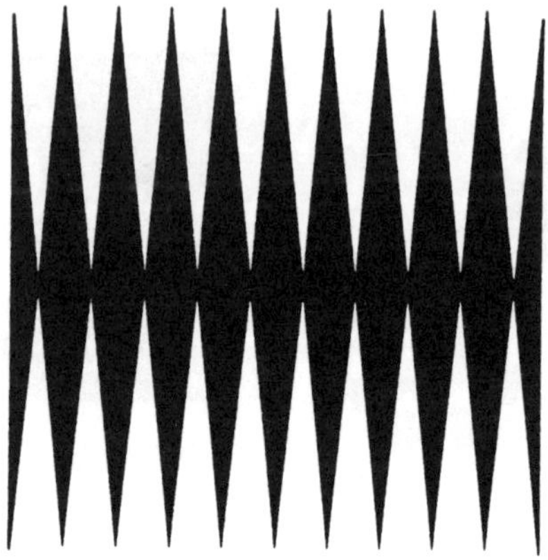

48.9 Wo befindet sich der Punkt?

Die Pädagogin bittet die Kinder, genau auf den Punkt auf dem Quader zu schauen. Befindet er sich auf der Vorderseite oder auf der Hinterseite? Die Kinder erfahren, daß beides möglich ist, je nachdem worauf sie sich konzentrieren.

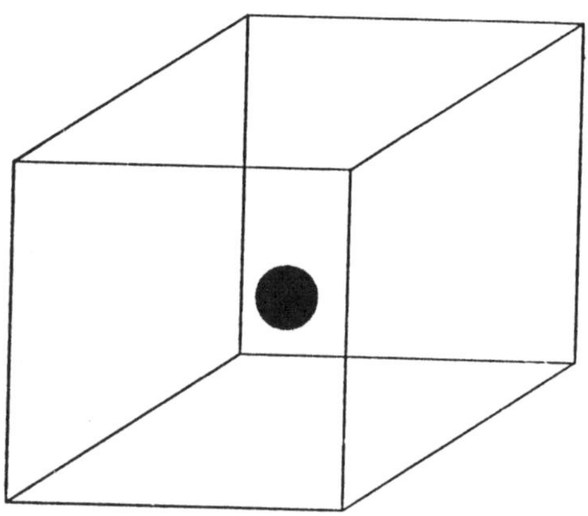

49. Zublinzeln

Material: Stühle.

Ein altes, bei Kindern sehr beliebtes Beobachtungs- und Kontaktspiel ist das »Zublinzeln«. Alle Mitspieler – außer einem – finden sich zu Paaren zusammen. Nun wird ein Stuhlkreis gebildet, d.h., jedes Paar erhält einen Stuhl, auch der »alleinstehende« Mitspieler. Der eine Partnerteil setzt sich auf den Stuhl, der andere stellt sich dahinter. Nun muß der »alleinstehende« Mitspieler durch Zublinzeln versuchen, die Aufmerksamkeit eines der Mitspieler zu erringen, die auf den Stühlen sitzen und die dann, wenn sie es bemerkt haben, rasch aufspringen, um sich auf den leeren Stuhl zu setzen. Währenddessen müssen die hinter den Stühlen stehenden Mitspieler den »Blinzler« genau beobachten, ob er vielleicht ihrem Partner zublinzelt, um diesen dann gegebenenfalls durch Festhalten an den Schultern an der Flucht zu hindern. Der Verlassene blinzelt weiter. Die Pädagogin sollte darauf achten, daß alle – auch »Mauerblümchen« – einmal angeblinzelt werden.

50. Einauge

Material: siehe Spielbeschreibung.

Die Kinder versuchen, mit einem verbundenen Auge ein Glas Wasser einzuschütten, einen Faden in eine Nadel einzufädeln, einen dünnen Gegenstand zu ergreifen oder auf einem Weg auf unterschiedlich entfernte Flächen zu treten. Wir sprechen anschließend mit den Kindern über die gemachten Erfahrungen.

51. Bilder-Kim

Material: mehrere nicht zu kleine Bilder.

Die Pädagogin zeigt allen Kindern für die Dauer von 2 bis 3 Minuten ein Bild und läßt es betrachten. Dann dreht sie das Bild um. Die Kinder beschreiben möglichst viele Einzelheiten des Bildes. Wie genau wurde wahrgenommen?

52. Memory aus Geschenkpapier

Material: mehrere Bogen Geschenkpapier mit sich wiederholenden Motiven; Tonpapier, das sich von den Motiven abhebt; Scheren, Klebstoff.

Wir stellen aus dem Tonpapier so viele Kärtchen dar, wie Einzelmotive verwendet werden, wobei sich die Kartengröße nach dem größten Einzelmotiv richtet. Aus dem Geschenkpapier schneiden wir jeweils die gleiche Anzahl (Doppel-, Drei- oder Mehrfachmotive) aus und kleben sie auf die Tonpapierkärtchen. Jetzt kann mit dem Spiel begonnen werden. Dazu legen wir die Kärtchen mit der Rückseite nach oben zu einem Viereck. Die Mitspieler einigen sich vor Spielbeginn, welches Einzelmotiv sie einsammeln möchten, und wissen, wie oft jedes Motiv vorhanden ist. Das Spiel geht reihum. Jeder Spieler deckt für alle gut sichtbar ein Kärtchen auf. Hat er eines seiner Motive gefunden, darf er das Kärtchen nehmen und einen weiteren Versuch machen. Hat er dagegen ein anderes Motiv aufgedeckt, so dreht er das Kärtchen wieder um. Der nächste Spieler kommt jetzt an die Reihe. Wer zuerst alle Kärtchen seines Motivs eingesammelt hat, ist Sieger.

53. Ich sehe was, was du nicht siehst!

Die Spielregeln sind sicher den meisten bekannt.

Jedes Kind merkt sich einen bestimmten Gegenstand am Spielort und prägt sich Farbe und Form gut ein; z.B. einen Briefkasten, einen Hydranten, einen bestimmten Baum, ein Auto usw. »Ich sehe was, was du nicht siehst, und das ist rot!« Alle Kinder nennen dann so lange alle roten Gegenstände, bis der gesuchte gefunden worden ist. Nun ist das nächste Kind an der Reihe. Errät niemand den Gegenstand, darf der Fragesteller noch einmal eine Frage stellen.

54. Pünktchen und Anton

Die Kinder setzen sich in Paaren (maximal 6 Paare) zusammen. Ein Kind ist jeweils Pünktchen, das andere Anton. Ein Mitspieler erhält die Aufgabe, sich die Paare genau zu merken. Dann wird er vor die Tür oder hinter eine Stellwand geschickt, während in der Zwischenzeit alle Kinder die Plätze tauschen. Das wartende Kind wird jetzt hereingeholt. Gelingt es ihm, die richtigen Paare wieder zusammenzusetzen? Die Aufgabe ist gelöst, wenn die Hälfte der Paare richtig erkannt wird.

55. Spurenleger

Bei diesem Geländespiel werden die Kinder in 2 Gruppen geteilt, in eine kleine (4 Kinder) und eine große (8 Kinder). Die kleine geht voraus und hinterläßt Spuren (Zeichen im Erdboden, Markierungen durch kleine Äste, legt Irrspuren usw.). Nach einer verabredeten Zeitspanne folgt die große Gruppe, die die Spurenleger suchen muß. Ein Spiel, bei dem die Beobachtungsfähigkeit besonders gefragt wird.

56. Motivsuche im Freien

Material: 6 bis 8 vorbereitete Bildkarten für jedes Kind.

Vor Beginn eines Spaziergangs wurden bekannte Motive aus Illustrierten geschnitten und auf Karten geklebt (z.B. Briefkasten, Kirche, Verkehrsschild, Hund, Katze usw.). Jedes Kind bekommt etwa 6 bis 8 Karten. Wer einen Gegenstand sieht, der auf einer seiner Karten abgebildet ist, meldet sich und gibt die Karte der Pädagogin ab. Wer am Schluß die wenigsten Karten besitzt, ist Sieger.

57. Gegenstände unterscheiden

Material: verschiedene Gegenstände aus unterschiedlichem Material (z.B. Holz, Stoff, Metall, Pappe, Gummi, Ton, Glas usw.).

Die Pädagogin greift aus einem Korb einen Gegenstand und hält ihn hoch mit der Frage: »Woraus ist der Gegenstand gemacht?« Wer ihn zuerst benennt, darf ihn behalten. Gewinner ist derjenige, der am Ende des Unterscheidungsspiels die meisten Gegenstände vor sich liegen hat.

58. Farbenjagd

Die Kinder bewegen sich frei auf einem abgegrenzten Spielfeld. Ein ausgesuchtes Kind ruft: »Haltet euch an eine Farbe!«, und nach einer kurzen Pause fügt es z.B. hinzu: »Braun.« Die übrigen laufen jetzt in alle Richtungen, bemüht, schnell irgendeinen Gegenstand zu finden, der die bestimmte Farbe hat, um ihn zu berühren. Der Ausrufer versucht inzwischen, die Spieler zu fangen. Falls er einen fängt, der die festgelegte Farbe noch nicht berührt hat, vertauschen beide die Rollen.

59. Wald-Memory

Die Pädagogin grenzt im Wald einen Spielraum ein.

Sie hat vorher eine Sammlung von »Waldmaterialien« angelegt und in einen Korb gelegt. Die Pädagogin zeigt den Kindern ihre »Schätze«: Kastanien, Bucheckern, ein Stück Moos, Kienäpfel, ein Stück Rinde und andere natürliche Materialien, die sich in dem abgesteckten Spielgelände finden lassen. Der Korb wird aufgedeckt, die Kinder machen sich mit den Fundstücken vertraut, benennen sie. Nun gehen die Kinder in das Spielgelände, um möglichst viele Gegenstände zu den gezeigten Materialien zu finden und zusammenzutragen.

60. Welche Karte fehlt?

Material: 6 vorbereitete Bildkarten.

Es werden 6 Bilderkärtchen der Reihe nach auf den Tisch gelegt. Ein Kind dreht sich um, und ein anderes nimmt nun ein Kärtchen weg. Jetzt darf das erste Kind raten, was fehlt.

Die Kärtchen können die Punkte eines Würfels enthalten. Es können aber auch Motiv- und Symbolkärtchen eingesetzt werden. Dabei ist auf das Alter der Kinder zu achten.

Variation: Die Kärtchen liegen nicht mehr in der richtigen Reihenfolge auf dem Tisch.

61. Waschtag

Material: hell- und dunkelfarbige Wäsche, Wäscheleine.

Zwei gleich große Gruppen werden gebildet. Die eine heißt »Hell«, die andere »Dunkel«. Die Kinder sollen von einer gespannten Wäscheleine, auf der helle und dunkle Wäschestück durcheinander aufgehängt sind, die jeweils für ihre Gruppe bestimmte Wäsche abnehmen und zu einer etwa 10 Meter entfernten Ziellinie bringen.

Am Schluß wird noch einmal überprüft. Die Gruppen können nach einem Durchgang wechseln.

62. Natascha trägt Susannes Brille

Alle Mitspieler sitzen im Kreis und beobachten sich gegenseitig. Einer der Mitspieler wird hinausgeschickt. In der Zwischenzeit verändern eine oder mehrere der im Kreis verbliebenen Personen etwas an sich: Eine Brille wird aufgesetzt oder abgelegt, ein Kleidungsstück wird getauscht. Danach kommt der Hinausgeschickte herein und muß erraten, an welchen Personen sich etwas verändert hat. Als Hilfe kann ihm das Klatschen der übrigen Mitspieler dienen, das leise oder laut ist, je nachdem, wie nahe er seinem Ziel kommt.

63. Fotosafari

Material: einfache Fotoapparate, Filme.

Mit Kindern vom Grundschulalter an können wir uns auf eine Fotosafari begeben. Nachdem grundsätzliche Informationen zur Handhabung des Fotoapparates gegeben wurden, findet eine gezielte Fotoaktion statt. Für Einzel- und Gruppenreportagen bieten sich z.B. folgende Motive an:

Landschaften:	Wald, Wiese, Felder, Ernte, Wolkenberge …
Nahaufnahmen:	(je nach technischer Möglichkeit) Blumen, Schmetterlinge, Zweige, Kleintiere, Haushaltsgegenstände …
Jahreszeiten:	Frühlingsmotive, Schneeaufnahmen, Eiskristalle, Sonne in den Morgenstunden …
Garten:	Blumen, Bäume, Sträucher, Stauden, Blüten …

Weitere »Wahrnehmungsmotive«: Menschen, Tiere, Zoo, Aquarien, Wochenmärkte, Jahrmarkt, Reise mit den Eltern, Stadtbummel.

64. Gegenstände mit H

Material: 1 Bild oder Bilderbuch.

Wir benötigen ein Bild oder ein Bilderbuch. Die Pädagogin zeigt den Kindern ein Bild und fragt: »Wer sieht die Gegenstände, die mit einem H beginnen?« (Es kann später jeder Buchstabe benutzt werden.) Wer kann die meisten Gegenstände richtig benennen?

65. Rund um die Uhr

Material: Uhr mit gut sichtbarem Zifferblatt.

Es geht um Beobachtung, Merkfähigkeit und Wissenserweiterung.

Die Kinder sitzen im Halbkreis. Die Pädagogin hält für alle gut sichtbar eine Uhr hoch mit der Aufgabe, sie sich genau anzusehen. Nach etwa 1 Minute wird die Uhr beiseite gelegt, und es wird gefragt:

- Wer weiß, wie spät es war?
- Stehen Zahlen oder Striche auf dem Ziffernblatt?
- Wieviel Zeiger hat die Uhr (Sekundenzeiger)?
- Welche Farbe hat sie?
- Welche Form hat die Uhr?

Variation: Es können beliebige andere Gegenstände gezeigt und erfragt werden.

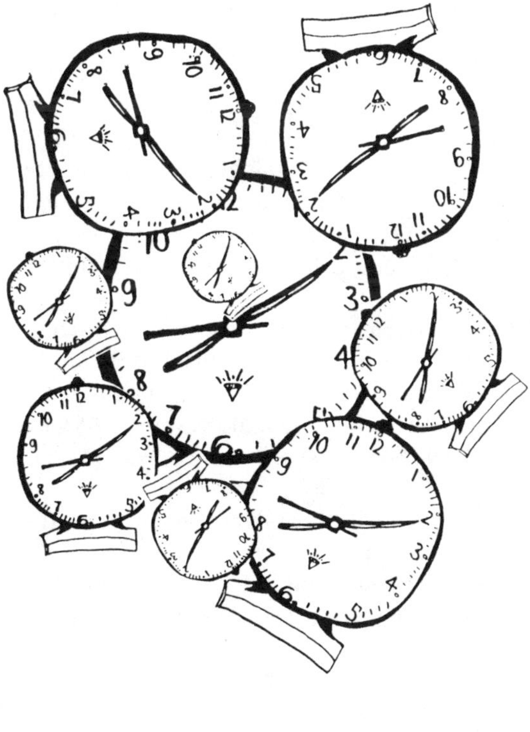

66. Bilderbücher und Wahrnehmungsförderung

Material: ausgewählte Bilderbücher, Karton, Farbstifte, Kleber, Scheren.

Bilderbücher sind mehr als jede andere Buchform dem Kind Gesprächspartner. Bilderbücher, richtig eingesetzt und genutzt, helfen, die Sozialisation des Kindes zu steigern. Es lernt zunehmend Einzelelemente aus komplizierten Zusammenhängen zu erfassen, begreift mehr und mehr Prozesse, Abhängigkeiten und damit seine eigene Stellung innerhalb seiner Lebensumwelt.

Bilderbücher sind in Kindergarten-, Hort- und Grundschule als wichtiges (literatur-)pädagogisches und ästhetisches Medium unverzichtbar. *Bieten sie doch bereits durch die Präsentation im Gegensatz zum Fernsehen dem Kind Bilder, die es ausgiebig lange und immer wieder in Ruhe betrachten kann.* Werden Kinder schon sehr früh daran gewöhnt, daß sich Erwachsene oder ältere Geschwister mit ihnen zusammensetzen, um gemeinsam ein Bilderbuch zu betrachten, so werden sie auch als Schulanfänger nicht auf diesen Umgang verzichten mögen. *Umschläge und Einzelbilder sind für viele Kinder schon sehr früh Denk- und Sprechanstöße. Wiedererkanntes wird benannt*, oft mit eigenen Wortschöpfungen und Vokabeln umgesetzt.

Neben dem Betrachten und Besprechen von Bilderbüchern haben Kinder bisweilen großen Spaß daran, sich eigene Bilderbücher zu schaffen. Dafür genügen dem Kind alte Kataloge, alte Aktendeckel, die beklebt werden, oder ältere Bilderbücher, die auseinanderfallen und die man eigentlich fortwerfen sollte. Zeichnerisch und malerisch interessierte Kinder setzen bei ihren eigenen Bilderbuchwerken mitunter sehr originelle Ideen frei.

Bilderbücher eignen sich auch hervorragend als Spiel und Betätigungsobjekte. Nach dem Erfassen der Inhalte ermuntern sie Kinder zum Rollenspiel. Daß viele Kinder von selbst danach drängen, Ereignisse und Figuren beliebter Bilderbücher nachzuformen, ist hinreichend bekannt.

Hier einige konkrete Vorschläge:

1. Wir blättern gemeinsam mit dem Kind ein Bilderbuch durch. Das Kind stellt Fragen, wir antworten.
2. Wir erzählen beim nächstenmal die Geschichte in Kurzform. Die dargestellten Bilder werden auf Fragen des Kindes hin erklärt.
3. Einige Tage später erzählen wir die Geschichte wieder und lassen uns vom Kind die dargestellten Situationen beschreiben.

4. Der Text wird vorgelesen. Der Sachverhalt wird vom Kind anhand der Bilder erkannt.
5. Das Kind erzählt die Geschichte anhand der Bilder.
6. Personen und Tiere der Handlung werden im Stuhlkreis von mehreren Kindern pantomimisch und akustisch wiedergegeben (z.B. Bellen wie ein Hund, Krähen wie ein Hahn, Hüpfen wie ein Frosch).
7. Die in den Bildvorlagen und Bilderbüchern dargestellten Personen, Tiere, Landschaften, Häuser, Situationen werden gemalt.

2. Töne sichtbar machen, Musik aus dem Kühlschrank, Wasserklänge, Nervensäge und Ballon mit Ohren – Spiele zur auditiven Wahrnehmung

Spiele zur auditiven Wahrnehmung verdeutlichen den Kindern, welche Fähigkeiten ihr Hörorgan Ohr besitzt: Es nimmt Geräusche, Töne und Klänge wahr und kann sie unterscheiden.

Die Schulung des Gehörs bietet vielfältige spielerische Übungen mit akustischen Materialien im weitesten Sinne. Bei einer Reihe von Spielen stehen Exploration und Klangerzeugungsversuche im Vordergrund.

Die Pädagogin sollte die kindlichen Aktivitäten – wo notwendig – sprachlich begleiten: Schallquellen von den Kindern benennen lassen, klangerzeugende Aktionen verbalisieren und emotionale Eindrücke bestimmter Klänge besprechen.

Auditive Wahrnehmungsspiele wirken besonders motivierend auf Kinder. Nicht zuletzt, weil das Ausmaß der Beeinflussung durch die akustische Umwelt in den letzten Jahren um ein Vielfaches angestiegen ist und Kinder Tag für Tag mit unzähligen Lauten und Geräuschen konfrontiert werden.

Zu den wichtigsten Übungszielen auditiver Wahrnehmungsförderung gehören:

- Verbesserung der Orientierungsfähigkeit
- Erkennen und Unterscheiden akustischer Reize (Lautdiskriminierung und akustische Differenzierung)
- genaues (bewußtes) Zuhören (z.B. beim Ausführen von Aufträgen)
- Herstellen und Erproben von Geräuschen und Klangquellen
- räumliche Orientierung durch genaues Zuhören
- zeichnerische (malerische) Umsetzung von erlebten Klangreizen (Musik/Stimme)
- bewußtes Erfahren akustischer Veränderungen
- Anregung zum spontanen Sprechen
- selbständiges, kritisches Denken (Zusammenhänge erkennen)

– Wortschatzerweiterung
– Förderung der Fantasie und Vorstellungsfähigkeit.

Spielangebote 67 bis 114:

67. Raumklänge und Geräuschwellen

Die Kinder gehen gelöst durch den Raum und versuchen dabei, Geräusche, Töne und Klänge ohne Hilfsmittel zu erzeugen. Was kann ich alles mit meiner Stimme machen? Krächzen, husten, fisteln, prusten, seufzen, pfeifen, hauchen, röcheln usw. Die Stimmen gehen durcheinander. Die Möglichkeiten sind fast unbegrenzt.

Nach einiger Zeit schließen sich die Kinder zu einem Kreis zusammen. Geräusche und Töne werden im Kreis weitergegeben. Hierbei kommt es auf das Aufeinanderhören an. Jeder Spieler läßt einen Ton oder eine Tonfolge erklingen (hoch, tief, laut, leise), bis eine ganze »Tonwolke« durch den Raum schwebt. Die Spieler können sich gegenseitig unterstützen, einen Ton übernehmen, darauf aufbauen, verändern, neu ansetzen, ihn ausklingen lassen.

Durch Abklopfen des Körpers mit der flachen, gespreizten oder hohlen Hand werden Laute und Geräusche erzeugt.

Alle Kinder sitzen nun auf dem Boden und erzeugen mit den Händen, Fingerkuppen, Fingernägeln eine regelrechte Geräuschwelle, die sich über Stühle, Tische, Wände und Türen fortbewegt. Die Geräuschwelle kann sich verändern, lauter oder leiser werden, langsam anschwellen und wieder abklingen. Immer neue Möglichkeiten lassen sich entdecken, wenn die bisher versuchten Klang- und Geräuscherzeugungen gemischt werden.

Die Pädagogin gibt, soweit notwendig, Impulse, regt die Kinder zum Probieren und bewußten Wahrnehmen der Klangmöglichkeiten an und bremst dort, wo einzelne mit einem Übermaß an Lautstärke über die Stränge »schlagen«.

68. Pssst ... ganz leise!

Material: 10 Teller.

Die Pädagogin spricht ruhig zu den Kindern: »Stellt euch vor, in unserem Raum schläft jemand, der auf keinen Fall geweckt werden darf. Es müssen aber unbedingt 10 Teller aufeinandergestellt werden.« Aus dem Kreis wird ein Kind benannt, das nun ganz leise die Teller stapelt. Sofern ein Kind aus dem Kreis etwas hört, hebt es die Hand hoch, ohne jedoch zu sprechen. Ist der Vorgang beendet, kommt ein anderes Kind an die Reihe.

69. Geflüsterte Namen

Um aufmerksames, genaues Zuhören geht es auch in diesem Spiel, für das die Kinder in zwei Gruppen aufgeteilt werden und sich im Raum an zwei gegenüberliegenden Wänden aufstellen. Ein Kind flüstert den Namen eines Kindes aus der anderen Gruppe und setzt sich. Das aufgerufene Kind flüstert nun ebenfalls einen Namen und setzt sich. Die Pädagogin achtet darauf, ob alle Kinder gut hören können.

70. Versteckter Wecker

Material: 1 Wecker.

Die Pädagogin sagt den Kindern, daß es bei diesem Spiel mäuschenstill zugehen muß. Es sollte deshalb eine entsprechend günstige Situation im Tageslauf gewählt werden. Jeweils ein Freiwilliger läßt sich die Augen verbinden. Er kniet sich nieder und versucht einen in etwa 3 Meter Entfernung stehenden (mechanischen) Wecker zu finden. Die Hände sollen bei der Suche nicht benutzt werden.

71. Musikalische Suche

Material: beliebiger Gegenstand zum Verstecken.

Wir haben einen Gegenstand versteckt. Ein Kind muß ihn suchen, und zwar nach einer bekannten Melodie, die der Kreis singt. Wird leise gesungen, so ist das Versteck weit weg vom Suchenden. Je näher das Kind an das Versteck herankommt, desto lauter wird das Lied gesungen.

72. Musik aus dem Küchenschrank

Material: siehe Spielbeschreibung.

Wenn es darum geht, x-beliebige Gegenstände – z.B. aus der Küche oder dem Haushalt – als Musikinstrumente zu verwenden, so sind Kinder hier besonders fantasievoll.

Der erste Lärm, der dann mit Kochlöffeln, Töpfen und Plastikschüsseln erzeugt wird, sollte im Elternhaus – Geduld und strapazierfähige Nerven werden vorausgesetzt – aufgefangen werden.

Der Erwachsene füllt Pappschachteln (z.B. leere Milchtüten), Joghurtbecker und Dosen mit Erbsen, Bohnen, Linsen, kleinen Steinen, harten Bonbons, Holzstückchen, Reis usw. Allein oder in der Gruppe geschüttelt, entstehen eindrucksvolle Klänge. Die Pädagogin spricht mit den Kindern über die gemeinsamen Geräuschwahrnehmungen und Klangerlebnisse.

Variation: Streichholzschachteln mit unterschiedlicher Füllung ergeben völlig unterschiedliche Klangkörper.

73. Klänge hinter meinem Rücken

Material: verschiedene Gegenstände wie Glas, Schlüssel, Löffel, Papier, Flaschen, Tassen u.a.

Alle Kinder sitzen mit dem Rücken zur Pädagogin. Sie dürfen sich nicht umdrehen. Hinter ihnen raschelt die Pädagogin mit Papier, läßt einen Schlüsselbund fallen, klopft mit einem Teelöffel an eine Tasse, zählt Münzen, drückt auf einen Locher, spitzt einen Bleistift an usw. Die Kinder sollen erraten, was sie eben gehört haben.

Variation: Die Pädagogin schlägt mit einem Kochlöffel gegen verschiedene Gefäße: Pfannen, Töpfe, Gläser, Flaschen, Tassen, Dosen, Blumentöpfe usw.

74. »Tonräume« darstellen

Die Kinder bilden Kleingruppen (4 bis 5 Personen). Sie haben die schwierige Aufgabe, einen bestimmten Raum mit Hilfe von Tönen genau vorstellbar zu machen. Solche »Räume« können z.B. ein Bahnhof, ein Jahrmarkt, Supermarkt oder Fußballplatz sein ...

Für die Darstellung sollen die Kinder keine ganzen Worte benutzen, sondern typische Klänge erzeugen, wie z.B. das Einfahren eines Zuges, das Gemurmel wartender Fahrgäste, den Klang einer unverständlichen Lautsprecherdurchsage. Bei der Vorstellung der einzelnen Kleingruppenergebnisse müssen die übrigen Mitspieler versuchen, den dargestellten »Erlebnisraum« möglichst genau zu erkennen und zu beschreiben.

75. Wasserklänge I

Material: siehe Spielbeschreibung.

Bei schönem Wetter stellen wir den Kindern im Freien verschiedene Wasserbehälter zur Verfügung, die mit Wasser gefüllt werden können oder leer bleiben, und veranstalten ein variationsreiches, feuchtfröhliches Konzert.

Als Behälter eignen sich z.B. verschiedene Becher, Eimer, Plastikgießkannen, Schüsseln, Flaschen und Plastikschläuche.

76. Orchesterwerkstatt

Material: siehe Spielbeschreibung.

Für die akustische Spielaktion legt die Pädagogin im Gruppenraum verschiedene Gegenstände aus: Flaschen, Kronkorken, Schüsseln, Waschmittelkartons, Zigarrenkisten, Glühbirnen, Zeitungspapier, Holzperlen, eine

Fahrradfelge und andere Utensilien. Aus den verschiedenen Abfallmaterialien lassen sich schöne Instrumente herstellen, die sich zum Experimentieren und Musizieren eignen. Zum Beispiel in unterschiedlich große Flaschen blasen, sie mit Wasser füllen und mit einem Stock zum Klingen bringen (die Wassermenge bestimmt die Tonhöhe). Wir können Kronkorken, die mit einem Loch in der Mitte versehen werden, zu einem Rasselarmband zusammenbinden oder eine Fahrradfelge zum Lärminstrument umbauen, indem wir alles, was Geräusche erzeugen kann, dranhängen (Metallringe, Schlüssel, Perlen). Auch Rasseln lassen sich aus unterschiedlichen Materialien herstellen. Da gibt es Joghurtbecherrasseln: Joghurtbecher werden mit Sand, Erbsen, kleinen Steinen oder Holzstückchen gefüllt. Ein Papier wird mit Klebeband oder einer Schnur befestigt, und fertig ist der Schüttelbecher. Auch aus einer ausgebrannten Glühbirne und Zeitungspapier läßt sich eine zünftige Rassel anfertigen: Die Glühbirne wird mit Kleisterpapierschnipseln in mehreren Schichten umklebt. Das Ganze muß trocknen und kann dann bemalt werden. Anschließend wird die Glühbirne auf den Boden geworfen, damit das Innere zerplatzt und das Glas in der Papphülle rasselt.

Aus alten Waschmittelkartons, die wir an der Öffnung mit fester Folie überziehen, können wir mit den Kindern Trommeln herstellen. In kleine Blumentöpfe hängen wir dicke Holzperlen und benutzen sie als Glokkenspiel.

Als Zupfinstrumente eignen sich alte Eierschneider, gereinigte Kämme (zusammen mit Butterbrotpapier auch als Blasinstrument) und verschiedene in einen Holzblock geschlagene Nägel, die mit Nylonschnüren bespannt werden.

Für ein Tamburin benötigen wir einen stabilen, eßtellergroßen Papp- oder Holzdeckel, um dessen dicken Rand ein Kranz mit auf Band aufgezogenen Kronkorken befestigt wird.

Der zweite Teil der »Orchesterwerkstatt« gilt dem intensiven Ausprobieren und Experimentieren. Die Kinder entdecken die Klangmöglichkeiten ihrer Instrumente. Sie erproben unterschiedliche Lautstärken, tauschen ihre Klangerzeuger untereinander aus und finden sich in einem Orchester zusammen, das die verschiedenen Geräusche und Klänge in einem gemeinsamen Klangerlebnis vereint.

77. Auf leisen Sohlen

Die Kinder sitzen im Kreis. Alle halten ihre Augen geschlossen. Die Pädagogin ruft ganz leise ein Kind mit Namen. Das betreffende Kind steht auf und kommt so leise wie möglich auf die Pädagogin zu. Wer laut ist, setzt sich wieder hin und wartet so lange, bis sein Name wieder gerufen wird.

78. Musik von der Stange

An einer bestimmten Ecke des Spielgeländes hängen an einer Stange bzw. einem Balken alte Töpfe, Deckel, Backbleche, leere Waschmittelkartons, 2 Plastikgießkannen, Geräuschbüchsen, 3 Plastikrohre. Alle Kinder sind eingeladen, Klänge zu erzeugen, Krach und Musik zu machen.

79. Geräusche hinter der Wand

Material: 1 Laken (Stellwand), Papier, Schreibzeug.

Für dieses Spiel benötigen wir eine Stellwand oder ein zwischen Zuhörern und Akteuren gespanntes Tuch (z.B. in einer geöffneten Tür). Eine Gruppe führt nun der anderen Geräusche einer kurzen Handlung vor, die von den Hörern erraten werden müssen.

Beispiele: beim Zahnarzt, auf dem Bahnhof, im Krankenhaus, beim Masseur, in einer Hotelküche, beim Friseur usw. Die Hörer machen sich Notizen. Welche Handlungen wurden erkannt?

80. Suche mit Musik

Material: kleine Geschenke zum Verstecken (Obst, Schokolade, Spielzeug), Flöte (oder Xylophon, Mundharmonika).

Die Pädagogin versteckt im Raum einen Gegenstand. Die Kinder suchen ihn. Eine Suchhilfe ist dabei die Begleitung auf einem Musikinstrument (Xylophon, Blockflöte, Mundharmonika). Durch An- und Abschwellen von piano zu forte erfährt das Kind, wie weit es vom Versteck entfernt ist.

81. Wie heißt das Lied?

Die Kinder sitzen im kleinen Kreis. Die Pädagogin klopft ganz leise den Rhythmus eines der Gruppe bekannten Liedes. Jedes Kind, das glaubt, das Lied zu kennen, darf leise (!) mitklatschen.

Wenn alle das Lied erkannt haben, klatscht derjenige den Rhythmus eines Liedes, der das vorherige als erster erkannt hat.

82. Orgelpfeifen

Material: 1 Tuch.

Um genaues Zuhören und rücksichtsvolles Umgehen miteinander geht es hier.

Ein Kind ist der »Organist«, ihm werden die Augen verbunden. Die Mitspieler übernehmen die Aufgabe von »Orgelpfeifen« und sitzen auf ihren Stühlen.

Der »Organist« geht von einem Mitspieler zum anderen und zupft jeden vorsichtig an der Nase (oder am Ohr).

Daraufhin gibt die »Orgelpfeife« dreimal einen Ton von sich. Der »Organist« muß raten, wie die »Orgelpfeife« heißt. Hat er richtig geraten, werden die Rollen getauscht.

Blinder Kurier

Material: Tuch oder Augenbinde.

Alle Mitspieler bis auf einen sitzen im Kreis. In diesem Kreis befindet sich ein Kurier, dem die Augen verbunden sind. Jeder Mitspieler bekommt den Namen einer Stadt (z.B. Hamburg, Lübeck, Kiel, München, Berlin, Frankfurt, Flensburg, Köln). Der Kuriert kündigt nun einen Brief an: »Ein Brief von Lübeck nach München!« Die Spieler, die diese Städtenamen haben, müssen nun möglichst schnell und leise die Plätze tauschen. Während sie an dem Kurier vorbeigehen, müssen sie ihn anticken, ohne von ihm geschnappt zu werden. Wer erwischt wird, löst den Kurier ab.

Die Pädagogin achtet darauf, daß kein Kind zu lange im Kreis stehen bleiben muß.

84. Liederpotpourri

Material: Kassettenrecorder mit vorbereiteter Musikkassette.

Einige Melodien werden in einem Potpourri von der Pädagogin kurz angespielt. Wer kann anschließend die meisten Melodien richtig benennen? Es ist besonders darauf zu achten, daß die Auswahl und die Anzahl der vorgestellten Melodien dem geistigen Auffassungsvermögen der Spielgruppe entsprechen.

85. Pulsschlagmusik

Material: Wecker, Kassettenrecorder.

Alle Kinder sitzen ganz leise im Stuhlkreis. Sie fühlen ihren eigenen Pulsschlag. Jetzt stellt die Pädagogin einen Wecker in die Kreismitte. Die Kinder klopfen die wahrgenommenen Impulse leicht auf den Boden.

In einer weiteren Spielphase kann ein Kassettenrecorder eingesetzt werden. Die Musik mit verschiedenen Rhythmen wird von den Kindern durch Klopfen des gefundenen gleichen Grundschlags begleitet.

86. Nervensäge

Material: Tuch, mit Knöpfen oder Erbsen gefüllte Dose.

Wir bilden einen Kreis. Ein Kind steht mit verbundenen Augen in der Mitte. Ein anderes Kind erhält eine mit Knöpfen (oder harten Erbsen) gefüllte Dose und muß diese rasch und laut schütteln. Das Kind in der Kreismitte zeigt auf das Kind, von dem es glaubt, daß es die »Nervensäge« ist. Dieses aber hat die Dose längst einem anderen Kind weitergereicht, das sie wiederum schüttelt. So hat es der Sucher schwer, die »Nervensäge« zu finden. Gelingt es ihm aber, muß die »Nervensäge« mit ihm den Platz tauschen.

87. Zeitungsmusik

Material: Zeitungen.

Jedes Kind erhält im Stuhlkreis von der Pädagogin eine Zeitung.

1. Alle Kinder rascheln mit ihrer Zeitung.
2. Eine Zeitung wird zusammengeknüllt ans Ohr gehalten, hin und her bewegt, gedrückt und gerieben.
3. Die wahrgenommenen Geräusche versuchen wir mit unserer Stimme nachzuahmen.
4. Die Pädagogin gibt einen Rhythmus vor, nach dem die Kinder ihre Zeitungen bewegen.
5. Ein Lied wird gesungen (z.B. »Mein Hut, der hat drei Ecken«) und durch die Zeitungsgeräusche begleitet.

88. Wasserklänge II

Material: Wasser, unterschiedlich große Gefäße, Trichter, Strohhalme, Steinchen, Kassettenrecorder.

Die Kinder sitzen am Tisch, der Spritzwasser vertragen muß. Mit verschiedenen Materialien und Gefäßen probieren sie nun aus, welche Klänge sich erzeugen lassen. Von den unterschiedlich wahrgenommenen Geräuschen und Klängen machen die Kinder eine Kassettenaufnahme. Wie wirken dann die abgespielten Geräusche?

89. Farbige Klangbilder

Material: je Kind 1 großer Malbogen (DIN A2) oder 1 entsprechend großes Tapetenstück, Kleister (Glutofix), Erdfarben, Wasserfarben, Pinsel, Schuhcreme, alte Gabel, Kamm oder Teigrädchen; Kassettenrecorder.

Musik, Rhythmus und Bewegung lassen sich nicht nur im Tanz zum Ausdruck bringen, sondern auch als Form und Farbe empfinden und ausdrükken. Wir können mit den Kindern interessante »Klangbilder« herstellen, in denen die wahrgenommenen Klänge ausgelegt und sichtbar gemacht werden. Hierfür erhält jedes Kind 1 großen Malbogen (oder 1 Stück von der Tapetenrolle), der mit angerührtem Kleister eingestrichen wird. Als Stimulans wird vom Kassettenrecorder eine rhythmusbetonte Musik gespielt. Jedes Kind erhält nun 2 beliebige Erdfarben, die auf der Malunterlage mit den Fingern vermischt und vermalt werden (taktile Wahrnehmung). Dabei überlassen sich die Kinder ganz dem Rhythmus der wahrgenommenen Musik.

Variationen: Statt Erdfarben werden direkt auf den Kleister mit Wasserfarben Muster oder Streifen gemalt. Nach dem Trocknen kann das Bild mit farbloser Schuhcreme bemalt werden. Es erhält so einen besonderen Glanz.

Das Spiel läßt sich auch mit nur einer Farbe durchführen, wobei mit Kämmen, Gabeln oder Teigrädchen Muster eingesetzt werden.

90. Zeichnen nach Gehör

Material: je Kind kariertes Papier, Bleistift und 1 Blatt Papier zum Abdekken.

Bei diesem Spiel sollen die Kinder nach Anweisung zeichnen. Jedes markiert an einer festgelegten Stelle den Ausgangspunkt der Zeichnung. Die Pädagogin gibt Anweisungen, was auf dem karierten Papier zu zeichnen ist, z.B.: »Zeichne vom Ausgangspunkt einen Strich zwei Kästchen nach unten, dann zwei Kästchen nach links, dann wieder zwei Kästchen nach unten« usw. Dabei hält jedes Kind ein Abdeckblatt vor, um zu verhindern, daß der Nachbar etwas sehen kann. Am Ende wird verglichen, ob alle die Zeichnung richtig ausgeführt haben.

91. Sichtbare Töne

Material: je Kind 1 Joghurtbecher, Luftballons, Gummiband, Schere, Salz, Flöte.

Die Pädagogin erzählt den Kindern, daß man Töne wirklich sichtbar machen kann. Für dieses kleine Experiment erhalten die Kinder einen Joghurtbecher, der zuvor von der Pädagogin eingeschnitten wurde. Über die obere Öffnung spannen die Kinder einen zerschnittenen Luftballon, der mit einem Gummiring befestigt wird. Gegebenenfalls helfen wir dabei.

Die Pädagogin: »Wenn ihr jetzt in die seitliche Öfnung sprecht, dann wird die Gummibespannung wie bei eurem Trommelfell im Ohr in Schwingungen versetzt.«

Besonders anschaulich lassen sich die Töne sichtbar demonstrieren, wenn wir auf die Bespannung einige Salzkörner legen. Sprechen wir in den Becher, so tanzen die Körner. Blasen wir mit einer Flöte auch nur einen einzigen Ton hinein, bildet sich auf dem künstlichen »Trommelfell« ein ganz bestimmtes Muster ab.

92. Geräusche vom Band

Wir setzen den Kassettenrecorder und die Schallplatte ein und lassen aufgenommene Geräusche raten (Straßenverkehr, Schreibmaschine, Telefon, Türklingel, Küchenmixer, Tierstimmen usw.)

93. Dirigentenspiel

Alle sitzen im Stuhlkreis und stellen ein Orchester bei der Probe dar. Die Kinder murmeln, summen, pfeifen oder klatschen ganz leise in die Hände oder trampeln ganz leise mit den Füßen. Die Pädagogin gibt ein Zeichen mit der Hand. Je nachdem, ob sie ihre Hand hochhebt oder ganz tief unten hat, werden die Geräusche lauter oder leiser. Vor Spielbeginn wird auch ein Zeichen für Stille ausgemacht. Die ganze Gruppe muß aufmerksam sein, denn die mit der Hand gezeigten Nuancen sollen so gut wie möglich wiedergegeben werden. Abwechselnd kann auch ein Kind »Dirigent« sein und die Handzeichen geben.

94. Telefonitis mit Dosen

Sollten sich leere Dosen auffinden, so können wir sie gründlich reinigen, ein Loch in die Mitte des Bodens bohren und ein Band mit einem Knoten am Ende darin befestigen.

Mit dem guten alten Dosentelefon läßt sich tatsächlich von Raum zu Raum über eine Entfernung von ca. 10 Metern »telefonieren«. Das Dosentelefon bietet zu Hause wie in Kindergarten und Hort viele Anlässe für Rollenspiele und Gespräche. Man muß schon genau zuhören, um den Gesprächspartner am anderen Ende der Leitung zu verstehen.

95. Gruppengeflüster

Es werden zwei Gruppen gebildet. Die eine Gruppe flüstert ähnlich klingende Wörter, die in etwa 3 Meter Entfernung von der anderen Gruppe wiederholt werden müssen. Dann wird gewechselt.

Beispiele: Müller, Mütter, Mühle, wühlen, Stühle – sagen, Magen, fragen, klagen, schlagen – Säule, Keule, Beule, heulen, Eulen.

96. Baumtelefon

Die Natur bietet viele Hörerlebnisse. Zum Beispiel bei einem Waldspaziergang. Gefällte Bäume weisen viele Spuren ihrer ehemaligen und jetzigen Bewohner auf. Meisen-, Star- und Spechthöhlen sind zu entdecken.

Wie sich die Tiere, die in diesen Baumhöhlen leben, vor anderen Tieren schützen können, zeigt das »Baumstammtelefon«. An jedem Ende des Baumes steht ein Kind. Ein Kind legt das Ohr an den Baumstamm, das andere kratzt oder klopft daran. Die Geräusche sind deutlich am anderen Ende des Baumes zu hören. So hört auch der Specht rechtzeitig, daß der Marder kommt, und flieht.

97. Waldgeräusche

Die Pädagogin stellt einen Kassettenrecorder mit Aufnahmen von Vogelstimmen und anderen Waldgeräuschen auf den Tisch oder in die Stuhlkreismitte. Die Kinder hören Waldgeräusche und versuchen, sie zu identifizieren.

Wer Schwierigkeiten hat, diese Aufnahmen zu machen, kann die Kassette »So singen unsere Vögel«, Traber, Ex Libris, Bestell-Nr. 220-7903 leihen oder kaufen.

98. Hoch und tief

Die Kinder gehen frei im Raum umher. Die Pädagogin spielt auf der Flöte (oder vom Kassettenrecorder) verschiedene hohe und tiefe Töne. Die Höhe der Töne soll von den Kindern durch Bewegungen dargestellt werden, indem sie sich bei hohen Tönen sehr hoch recken und bei tiefen Tönen in die Hocke gehen und sich zusammenkauern.

Variation: Alle Kinder »wachsen« mit der Tonleiter.

99. Reisebericht

Die Kinder müssen sehr aufmerksam zuhören, wenn die Pädagogin eine ausgedachte Geschichte von einer Reise erzählt, in der so viele Dinge und Personen vorkommen, wie die Gruppe Kinder hat, und die möglichst oft und schnell wechselnd auftauchen. Zu Beginn erhält jedes Kind eine Rolle (z.B. »Du ist die Eisenbahn; du bist das Wasser; du bist der alte Mann; du bist die Parkbank« usw.). Jetzt erzählt die Pädagogin ihre Geschichte. Immer, wenn eine Rolle in der Geschichte genannt wird, steht das betreffende Kind auf, dreht sich einmal um sich selbst und setzt sich wieder hin. Wer seine Rolle überhört hat, setzt sich vor seinen Stuhl und kann erst wieder auf ihm Platz nehmen, wenn seine Rolle erwähnt wird.

100. Mit Geräuschen durchs Gelände

Material: siehe Spielbeschreibung.

Die Kinder bekommen, nachdem sie in zwei Gruppen geteilt worden sind, Geräuschinstrumente in die Hand. Mit diesen Instrumenten müssen sich die Kinder der ersten Gruppe im Gartengelände (Hortkinder auch im Wald) verstecken. Immer, wenn sie langsam und leise bis 10 gezählt haben, geben sie ein Geräusch von sich. Die zweite Gruppe orientiert sich an den musikalischen Signalen und sucht die erste Gruppe. In einer weiteren Spielrunde erfolgt Rollenwechsel.

101. Melodische Tore

Alle Kinder schließen die Augen. In Paaren verteilen sie sich auf der Spielfläche und bilden 4 Tore, indem sie sich ihre ausgestreckten Hände reichen. Jedes Tor singt eine andere Melodie. Die Aufgabe lautet nun, daß jeweils ein »Blinder« durch alle 4 Tore geht, ohne eines zu berühren.

102. Stille Umkreisung

Die Kinder sitzen mit geschlossenen Augen im Kreis. Die Pädagogin geht leise im Kreis herum und stößt ein Kind an. Das Kind steht leise auf und geht ganz vorsichtig im Kreis herum. Dann setzt es sich wieder auf seinen Platz. Alle raten nun, welches Kind im Kreis herumgelaufen ist.

103. Flüsterkreis

Die Kinder sitzen im Kreis. Die Pädagogin flüstert ihrem rechten Nachbarn einen kurzen Satz (oder ein Wort) ins Ohr, den dieser ohne Rückfrage so weitersagen muß, wie er ihn verstanden hat. Der Satz wandert nun im Kreis herum, bis er wieder bei der Pädagogin angekommen ist, die dann das Ergebnis verkündet. Oft hat das Angekommene mit dem Ausgangssatz nicht mehr viel zu tun.

104. Ruhe

Ein Spiel, mit dem wir die Kinder zur Ruhe führen: Die Pädagogin gibt jedem Mitspieler ein Zeitungsblatt aus. Die Kinder halten ihr Zeitungsblatt an zwei Ecken einer Längskante, fächeln damit leicht durch die Luft und lauschen den Geräuschen, die sich nicht ganz vermeiden lassen.

105. Regenwetter

Material: je Kind 1 Blecheimer oder 1 große Dose.

Die Pädagogin erzählt eine Regengeschichte, in der Nieseln, starker Regen, Donner, Hagel usw. vorkommen. Dazu erzeugen alle Kinder auf dem Boden ihres umgedrehten Blecheimers die jeweiligen Geräusche mit den Fingern bzw. mit der Hand.

Die Kinder hören, daß der blecherne Ton den tatsächlichen Wettergeräuschen verblüffelnd ähnelt.

106. Ballon mit Ohren

Material: 2 aufgeblasene Luftballons, kleine Bildkarten.

Die Kinder sitzen im Stuhlkreis. In der Mitte der Spielfläche stehen, mindestens 3 Schritte voneinander entfernt, zwei Teilnehmer. Jeder hält seine Ohrmuschel dicht an seinen Luftballon. Die Partner der beiden Ballonhörer eilen auf ein Startzeichen zur Pädagogin und deren Gehilfen. Sie bekommen dort eine Karte gezeigt, auf der ein Gegenstand abgebildet ist. Dann laufen sie zu ihrem Spielpartner und flüstern – die Lippen dicht am Ballon – den gemerkten Gegenstand gegen die Ballonhülle. Dies geschieht so leise, daß keiner im Raum die Worte hört. Wer von den Spielpartnern die geflüsterten Worte zuerst wiederholt hat, ist Sieger.

107. Stimmen erheben

Wir probieren aus und hören, was unsere Stimme alles kann:

- sprechen (hoch, tief, laut, leise, schrill, quäkig)
- singen (hoch/tief, laut/leise)
- flüstern – schreien – brummen – summen – schnalzen – pfeifen – muhen, bellen, miauen usw.

108. Hör den Rhythmus!

Material: Handtrommel (eventuell).

Die Kinder laufen, hüpfen oder springen auf einen gegebenen Rhythmus (Klatschen oder Handtrommel) frei im Raum umher. Auf ein Signal der Pädagogin (z.B. durch Trillerpfeife) bilden die Kinder blitzschnell einen Kreis.

Zu Beginn des Spiels kann ein bestimmtes Signal ausgemacht werden, z.B. Kette bilden = 2mal pfeifen, Schlange = 3mal pfeifen, Reihe = 4mal pfeifen usw. Gemeinsam kann mit den Kindern überlegt werden, welche Gruppierungsformen sich noch bilden lassen.

Variation: Statt des Händeklatschens und der Handtrommel wird die Stimme eingesetzt.

109. Recorderspiele

Material: 1 Kassettengerät mit verschiedenen Geräuschaufnahmen.

Der Kassettenrecorder erweist sich für eine ganze Reihe von akustischen Wahrnehmungsspielen als sehr hilfreiches Medium.

Einige Beispiele:

1. Im Gruppenraum hat die Pädagogin einen Kassettenrecorder eingeschaltet, der ganz leise läuft. Wer findet ihn?

2. Aufgenommene Umweltgeräusche aus dem Alltag, dem Straßenverkehr oder der Technik müssen erraten werden (z.B. verschiedene Verkehrsmittel, Telefon, Küchenmixer, Uhren, Sturm, Staubsauger, Nähmaschine, Rasenmäher …)
3. Die Pädagogin spielt eine Reihe von Geräuschen ab. Beim zweiten Abspielen fehlt ein Geräusch oder ist gegen ein anderes ausgetauscht.
4. Schwieriger: Künstlich erzeugte Umweltgeräusche müssen ebenso wie ihr Zustandekommen geraten werden. Welche Hilfsmittel wurden z.B. beim Pferdegetrappel und beim Regen benutzt?
5. Noch schwieriger: Die Kinder sollen aufgenommene Körpergeräusche erkennen (z.B. Fingerklopfen, Händereiben, Zähnemahlen, Husten, Schmatzen, Nase schneuzen, Schnarchen, Essen, mit den Fingern schnalzen, jemand trinkt usw.).

Die Geräusche sollten zweimal abgespielt werden.,

110. Wie heißt mein Nachbar?

Material: Tücher zum Augenverbinden für die Hälfte der Spieler.

Alle Kinder sitzen im Stuhlkreis. Es wird zu zweien abgezählt. Während Nr. 1 auf dem Stuhl sitzen bleibt, steht Nr. 2 auf, verbindet dem linken Nachbarn die Augen (gegebenenfalls mit Hilfe der Pädagogin) und geht dann in die Kreismitte. Auf ein Zeichen der Pädagogin beginnen alle mit einem vorher verabredeten Lied. Während des Singens setzen sich die Kinder innerhalb des Kreises auf einen der freien Stühle und singen weiter mit.

Gibt die Pädagogin ein Zeichen, so hören alle mit dem Singen auf. Jeder Sitzende muß nun den Namen seines linken Nachbarn sagen. Hat er ihn richtig geraten, werden die Plätze getauscht. Wenn nicht, bleibt er auch in der kommenden Runde noch im Kreis sitzen.

111. Dosenjagd

Material: mit Erbsen gefüllte Becher oder Dosen.

Die Kinder bilden einen großen Kreis. Zwei gehen mit verbundenen Augen in die Mitte. In der Hand hält jedes eine Dose, die zu einem Drittel mit Erbsen (Linsen oder Reis) gefüllt ist. Einer der beiden Spieler ist der

Fänger, der den anderen fangen soll. Die Rasseldosen verraten die Position, je nachdem, wie geschickt sich die beiden bewegen und je nachdem, ob sie mit ihrer Dose lärmen wollen oder nicht.

112. Pfeifensuche

Material: Trillerpfeife.

Die Kinder gehen frei im Raum umher. Ein Mitspieler bekommt – unauffällig für die anderen (!) – eine Trillerpfeife zugesteckt. Ein Kind hat nun die Aufgabe, die Pfeife zu entdecken. Der Spieler mit der Pfeife gibt immer wieder kurze Signale, bemüht sich jedoch, nicht entdeckt zu werden.

113. Akustischer Zeitungszauber

Material: 1 Stapel Zeitungen.

Um die Verbindung von Bewegungen und akustischen Reizen, Improvisation und Koordination geht es bei diesem Spiel. Alle sitzen im Stuhlkreis. Jedes Kind erhält von der Pädagogin eine Zeitung.

1. Alle rascheln mit ihrer Zeitung.
2. Die Hände drücken das Papier zusammen und ziehen es in wechselndem Rhythmus wieder auseinander. Mit der Zeit wird aus dem Durcheinander von Geräuschen ein konzertantes Miteinander.
3. Durch rhythmisches Zusammendrücken und Auseinanderziehen der Zeitungspapiere erzeugen wir die akustische Illusion eines fahrenden Zuges. Die »Fahrt« kann langsam, dann immer schneller werdend, verlaufen. Auf jeden Fall erleben die Kinder eine bewegte Bahnfahrt.
4. Die wahrgenommenen Geräusche werden mit der Stimme nachgeahmt.
5. Die Pädagogin gibt einen Rhythmus vor, nach dem die Kinder ihre Zeitungen bewegen.
6. Es werden Lieder gesungen und durch die Zeitungsgeräusche begleitet.

Gemeinsam denken sich Pädagogin und Kinder neue Spiel-, Bewegungs- und Geräuschmöglichkeiten mit Zeitungen aus.

114. Mit Taktgefühl

Material: Kassettenrecorder oder Plattenspieler mit rhythmusbetonter Musik.

Geräusche hören und in Bewegungen umsetzen sind auch hier Spielintention.

Die Pädagogin sorgt für Musik und bittet die Kinder, im Takt durch den Raum zu gehen. Sie sollen sich einen oder mehrere Partner suchen und gemeinsam im Rhythmus der Musik weitergehen. Bricht die Musik ab, bleiben die Kinder unbeweglich stehen. Spielt sie weiter, führen die Paare bzw. Kleingruppen neue Aufgaben aus (z.B.: »Geht auf Zehenspitzen! Setzt euch hin! Legt euch schnell auf den Boden! Kauert euch eng zusammen! Stellt euch auf einen Stuhl!«).

3. Geruchsgalerie, City-Riech-Tour und großer Schmecktest – Spiele um den Geruchs- und Geschmackssinn

Riechen und Schmecken stehen in enger Verbindung zueinander. Jedoch ist die Sensibilität der Geruchsrezeptoren höher als die der Geschmacksrezeptoren. Das Kind weiß, daß es durch sein Sinnesorgan Nase verschiedene Gerüche, wie z.B. faulig, blumig, brenzlig oder würzig, aufnehmen kann. Es bezeichnet den Geruch von Stallmist als »Gestank«, während Parfüm mit dem Wort »Duft« belegt wird.

Durch den Geschmackssinn können wir eine Reihe von Geschmacksrichtungen differenzieren, wobei es allerdings unmöglich ist, jeden Geschmackstyp einer bestimmten Klasse von Geschmacksrezeptoren zuzuordnen. Auf der Zunge lassen sich, was Kindergartenkindern zum Teil noch schwerfällt, vier primäre Geschmacksrichtungen unterscheiden: süß, salzig, sauer und bitter. Jedes Kind hat bereits einmal angenehme und unangenehme Erfahrungen mit seiner Zunge und dem Geschmackssinn gemacht.

Die Spielvorschläge bieten den Kindern Möglichkeiten, mit bekannten Empfindungen umzugehen und beim Riechen und Ausprobieren unbekannter Stoffe und Flüssigkeiten neue Sinneseindrücke und Erfahrungen zu sammeln. Bei der Durchführung spielerischer Übungen ist es wichtig, den Kindern vor Beginn Gelegenheit zu geben, die Geruchs- und Geschmacksgegenstände kennenzulernen und auch zu sagen, warum sie bestimmte Dinge nicht riechen bzw. schmecken mögen. Da der Geruchssinn nicht nur eine Lock-, sondern auch eine Warnfunktion hat, läßt sich die Aufmerksamkeit der Kinder auch auf mögliche Gefahren lenken, die im Riechen und Ausprobieren unbekannter Stoffe und Flüssigkeiten liegen können.

Die wesentlichen Übungsziele sind:

- Erkennen und bewußtes Erleben, was unsere Sinnesorgane Nase und Zunge/Gaumen alles können.

- Aufnehmen, Unterscheiden und Benennen verschiedener Gerüche (z.B. blumig, würzig, brenzlig ...).
- Geschmacksintensität von Nahrungsmitteln bewußt erleben, unterscheiden und benennen (süß, salzig, sauer, bitter).
- Verbalisierung der erlebten Sinneseindrücke (Wortschatzerweiterung).
- Förderung der Fantasie und Vorstellungsfähigkeit.

Spielangebote 115 bis 124:

115. Geruchsgalerie

Material: siehe Spielbeschreibung.

Jedes Kind bringt von zu Hause einen Geruch mit, wie z.B. Gewürznelke, Knoblauch, Parfüm, Zwiebeln, Seife, Waschpulver, Gewürzmischung, Zeitung, Apfel, Tabak. Jedes Geruchselement wird in eine kleine Dose gefüllt, bis die »Geruchsgalerie« fertig ist. Unter jeder Dose befindet sich ein Blatt Papier, auf das die Vorstellungen geschrieben sind, die der jeweilige Duft erzeugt.

Am Schluß werden die Gerüche mit ihren Assoziationen vorgestellt.

Ein schönes Riechspiel, das sich besonders gut mit Kindern im Grundschulalter durchführen läßt.

116. Flüssigkeiten riechen

Material: Gläser mit verschiedenen Flüssigkeiten.

Mit verbundenen Augen sollen verschiedene Düfte und Gerüche herausgefunden werden von Flüssigkeiten wie z.B. Parfüm, Wasser, Limonade, Essig, Spülmittel, Rasierwasser, Säfte, Kaffee, Tee. Die Kinder beschreiben und benennen die erkannten Flüssigkeitsdüfte.

117. Kräuter- und Gewürzetest

Material: Tücher, verschiedene Gewürze und Kräuter.

In zwei Gruppen sitzen sich die Kinder gegenüber. Auf einem Tisch werden verschiedene Kräuter und Gewürze mit deutlichem und typischem

Geruch ausgebreitet. Zunächst darf sich jeder den Geruch einprägen. Dann verbindet die Pädagogin dem ersten Kind aus jeder Gruppe die Augen. 2 Kräuter bzw. Gewürze werden jedem Kind zum Riechen gegeben.

Bei jeder richtig geratenen Aufgabe bekommt die Gruppe einen Punkt.

118. Natur-Riech-Quiz

Material: siehe Spielverlauf.

Durch das intensive Erleben von Gerüchen merken wir, daß unser Geruchssinn eher schwach entwickelt ist, sich aber üben und verfeinern läßt.

Eine »Geruchs- oder Duftsammlung« kann von der Pädagogin oder den etwas größeren Kindern angelegt werden.

Dafür sammeln wir Waldmaterialien, die intensiv duften, wie z.B. Baumrinden mit Harz, Blätter, Moose und Farne. Blätter werden zerrieben und jedes »Duftutensil« wird in einer verschlossenen Dose aufbewahrt.

Käfer und Schmetterlinge z.B. berauschen sich an dem Saft der Eichenrinde, der einen starken Duft ausströmt. Auch Menschen können diese Gerüche wahrnehmen. Die Pädagogin hilft den Kindern bei der Identifizierung der Düfte. Später kann ein »Duft-Kim« aus den Utensilien entwickelt werden. Die Gruppe kann auch direkt in den Wald auf »Schnuppertour« gehen.

Die Pädagogin macht die Kinder darauf aufmerksam, daß der Geruch vieler Stengel, Blätter und Früchte erst deutlich wahrzunehmen ist, wenn sie gebrochen, zerrissen und gerieben werden. So erfahren die Kinder auch, daß z.B. Erde oder Baumrinde unterschiedlich riechen, je nachdem ob sie naß, trocken oder besonnt sind.

Ruhe und Konzentration sind bei diesem Natur-Riech-Erlebnis besonders wichtig.

119. City-Riech-Tour

Wir nehmen jeweils ein Kind, das sich freiwillig die Augen verbinden ließ, an die Hand. Es wird durch die Innenstadt (z.B. die bekannte Fußgängerzone) geführt, um bestimmte Orte oder Dinge am Geruch zu identifizieren. Soll es intensiv riechen, geben wir ihm ein Zeichen. Wird der Ort erkannt und benannt, geht es weiter.

Als mögliche Orte bieten sich an: Bäckerei, Kaffeegeschäft, Lederwarenhandlung, Waschmittelabteilung im Kaufhaus, Apotheke, Bahnhof, Blumenladen …

120. Sträuße und Duftbeutel

Material: siehe Spielbeschreibung.

Es gibt viele wohlriechende Pflanzen, deren Duft nicht nur angenehm ist, sondern auch Insekten fernhält. Aus diesen können wir mit den Kindern Sträuße binden. Dazu eignen sich Lavendel, Zitronenmelisse, Minze, Rosmarin, Jasmin und Rosen. Die Blüten können wir aber auch trocknen, in kleine Beutel oder Tütchen füllen und als Duftbeutel oder Duftsäckchen anbieten.

Welche Gedankenbilder entstehen beim Riechen der Sträuße und Duftbeutel?

121. Erriechen und Erschmecken

Material: siehe Spielverlauf.

Wir reichen kleine Gläser mit verschiedenem Inhalt herum – für die Augen nicht sichtbar (Augen schließen lassen oder Tuch umbinden). Wird der Inhalt »errochen«, dann werden auf Teelöffeln kleine Proben zum »Erschmecken« angeboten. Beispiele: Käse, Honig, gekochtes Ei, Gurke, Tomate, Kartoffel, Lebkuchen …

122. Schnupperreise

Material: siehe Spielverlauf.

Für diese »Reise« bereiten wir eine Tastspur vor, indem wir z.B. Tesakrepp auf den (sauberen) Fußboden kleben. Über die Strecke verteilt stehen kleine Dosen mit starken Gerüchen (z.B. Seife, Käse, Zwiebel, Kaffee, Pfefferminz, Knoblauch, Nelke …).

Wer findet mit verbundenen Augen (die Pädagogin hilft beim Orientieren) zur Zieldose, in der sich, wechselnd für jeden Spieler, ein unterschiedlicher Geruch befindet?

Etwa eine Handbreit vor jeder Riechdose wird unter die Tastspur ein Muggelstein gelegt. Er gibt den Hinweis, daß jetzt eine nächste Riechprobe folgt. Die Teilnehmer der Reise werden über den Spielverlauf informiert, verlassen dann den Raum und kommen einzeln mit verbundenen Augen zurück. Für jeden, der die Reise schafft, gibt's eine kleine Überraschung.

123. Süß, sauer, salzig, bitter

Material: Zucker, Vollmilchschokolade, Bitterschokolade, Salz (im Streuer), Honig, Zitronen, 30%ige Zuckerlösung, 10- bis 15%ige Kochsalzlösung und 1- bis 2%ige Chininlösung (aus der Apotheke).

Und hier eine spielerische Übung für Kinder im Grundschulalter:

Die Pädagogin bildet Zweiergruppen. Zeitlich nacheinander essen alle etwas Zucker, Vollmilchschokolade, Bitterschokolade, einige Salzkörner und Honig. Dann werden etwas verdünnter Zitronensaft und einige Tropfen Chininlösung probiert.

Die Kinder nehmen 4 unterschiedliche Geschmacksformen wahr: süß, sauer, salzig und bitter. Mit Hilfe der Pädagogin wird herausgestellt, daß die Geschmackswahrnehmung zum einen auf der Zunge, dem Sitz des Geschmacksorgans, erfolgt und durch die Mitwirkung der Geruchsnerven zustande kommt. Sind wir erkältet, können wir nichts schmecken. Um das zu überprüfen, halten sich die Kinder beim Probieren verschiedener Geschmacksproben die Nase zu. Und siehe da, der Geschmack »bleibt weg«.

124. Der große Schmecktest

Material: siehe Spielverlauf.

Bei einem Geschmacks-Kim sollten Kinder immer erst mit offenen Augen prüfen können, was süß, sauer, salzig oder bitter schmeckt. Danach schließen die Kinder die Augen und lassen sich eine kleine Kostprobe in den Mund stecken. Wer kann angeben, was er versucht hat?

Einige Schmeckbeispiele:

1. Obst und Gemüse: Apfelsine, Clementine, Pampelmuse, Zitrone, Apfel, Ananas, Gurke, Tomate, Kartoffel, Sellerie, Lauch …
2. Verschiedene Puddinge: Wackelpudding (Himbeer/Waldmeister), Vanille-, Schokoladen-, Karamelpudding, Grießpudding …

3. Verschiedene Joghurts: Naturgeschmack, mit Kirsche, Pfirsich, Banane, Apfel, Himbeere …
4. Verschiedene Nahrungsmittel: Brot, Nuß, Zwiebel, Kuchen, Senf, Kümmel, Zwieback, Quark, Karotte, Honig, gekochtes Ei, Ketchup …
5. Getränke: Milch, Kakao, Tee, Apfelsaft, Mineralwasser, Trinkjoghurt …

Variation: Die Pädagogin hat verschiedene Früchte aufgeschnitten. Zuerst werden einheimische, ein anderes Mal fremdländische Früchte zusammengestellt. Die Kinder raten mit verbundenen Augen.

Riechproben: Apfel, Erdbeeren, Himbeeren, Johannisbeeren, Pflaumen, Weintrauben … Banane, Apfelsine, Ananas, Pfirsich, Aprikosen …

Schwieriger sind geschlossene Früchte oder Trockenobst zu erraten, da sie nicht soviel Aroma verbreiten. Anschließend können die Früchte »erschmeckt« und am Ende der Raterunde vernascht werden.

4. Tasttheke, Körperkontakte, Fühlparcours, Muskelspiele und fallende Blätter – Spiele zur taktilen und kinästhetischen Wahrnehmung

Tastsinn (taktiles System)

Die Kinder erfahren durch vielfältige Angebote, daß ihre Organe Haut, Mund, Hand und Fuß Berührungen wahrnehmen können, daß sie Formen und Oberflächen von Gegenständen erkennen und Temperaturempfindungen wahrnehmen können. Die Kinder erfahren, daß es in ihrer Haut und den äußeren Schleimhäuten verschiedene Wahrnehmungsmöglichkeiten gibt (Gefühl, Wärme, Kälte und Schmerz). Am empfindlichsten sind die Körperteile, die uns etwas über die Umwelt mitteilen (Hände, Mund/Zunge/Lippen, Füße). Die Kinder erfahren zum Beispiel, daß Blinde ihr fehlendes Sehvermögen vor allem durch Gehör, Geruchssinn und Tasten ausgleichen. Letzteres ist besonders wichtig, wenn sie ein Buch in Blindenschrift lesen wollen. Anhand eines Anschauungsexemplars sammeln die Kinder erstmals Erfahrungen mit der von Louis Braille (1825) entwickelten Blindenschrift. Durch Tasten werden die aus dem Papier ragenden kleinen Punkte »gelesen«. Kindergartenkindern können wir auch ein Tastbilderbuch vorlegen, damit sie es langsam tastend ergründen.

Wichtige Übungsziele sind:

- Erleben und Beschreiben unterschiedlicher Berührungsempfindungen
- Erkennen und Benennen von Formen und Oberflächen
- Spüren und Empfinden verschiedener Temperaturen
- sich unter Ausschluß anderer Sinnesorgane orientieren
- Gespür entwickeln für den Zusammenhang zwischen Berührung und Gefühl (Zuwendung, Zärtlichkeit)
- Tasterlebnisse verbal beschreiben können (Verbalisierung von Gefühlen/Wortschatzerweiterung)

Bewegungssinn (kinästhetisches System)

Während der Tastsinn äußere Reize vermittelt, zeigen uns innere Reizaufnehmer, wie z.B. der Gleichgewichtssinn, körperinnere Wahrnehmungen auf.

Der Bewegungs- oder Muskelsinn (kinästhetisches System) registriert über seine Organe Muskeln, Sehnen und Gelenkrezeptoren alle Muskelveränderungen. Er gibt uns dadurch das Gefühl von Spannung und Entspannung, und er vermittelt uns Ausdehnungen und Positionen unseres Körpers im Raum, die für motorische Aktivitäten und Bewegungsempfindungen von Bedeutung sind. Die Stellungsänderung von Körperteilen zueinander, die Möglichkeit, sich fortzubewegen, und viele andere Aktivitäten wie das Sprechen, das Schreiben, die Augenbewegungen werden durch die Kontraktion (Zusammenziehung) gestreifter Muskeln möglich. Damit die Kontraktionen für den Menschen sinnvoll ablaufen, ist die Beteiligung des Nervensystems notwendig. Unzweifelhaft bestehen Wechselwirkungen zwischen frühen Bewegungserfahrungen und der kognitiven wie emotional-affektiven Entwicklung eines Kindes. Bewegungsgeschickte Kinder finden sich besser in ihrer Umwelt zurecht, während motorisch ungeschickte Kinder häufig Probleme in der sozialen Entwicklung aufweisen (z.B. durch die Ablehnung bei Gruppenspielen).

Spiele und Übungen zur Körperbewußtwerdung müssen kontinuierlich angeboten werden. Sie sind nicht allein auf das Kinderturnen oder die Fächer Sport und Gymnastik begrenzt. Spiele zur Förderung des Bewegungssinnes lassen sich im Kindergarten wie in der Grundschule überall einsetzen, gleich ob im sprachlichen, musischen, kreativen, sozialen oder technischen Bereich. Körperbewußtwerdung hat auch immer etwas mit Körperkoordination zu tun. Hierzu gehört insbesondere die Förderung der visuellen Wahrnehmung (Figur-Grund-Wahrnehmung, Wahrnehmungskonstanz, Wahrnehmung der Raumlage und der räumlichen Beziehungen).

Wichtige Übungsziele sind:

- Bewegungsmöglichkeiten des Körpers bewußt erfahren
- lustbetontes, spielendes Üben und gestaltendes Umgehen mit dem eigenen Körper
- Verbesserung der Motorik und der visuellen Wahrnehmung
- Stärkung des Mutes und des Selbstvertrauens

- Förderung der spezifischen und intellektuellen Leistungsfähigkeit durch die positive Auswirkung der Motorik
- Verbesserung des sozialen Kontaktverhaltens.

Spielangebote 125 bis 194:

125. Handkontakte

Um Empfindsamkeit und Feinfühligkeit geht es bei diesem Spiel. Je zwei Kinder stellen sich gegenüber, legen die Handflächen aneinander und schließen die Augen für einige Sekunden. Dann lassen sie die Hände sinken, drehen sich 3mal langsam im Kreis herum und versuchen jetzt mit geschlossenen Augen die Hände des Partners wiederzufinden.

Das Spiel eignet sich auch als Entspannungsübung.

126. Blinder Spaziergang

Material: eventuell Kassetten oder CDs mit ruhiger Musik, Recorder.

Kontaktaufnahme, Überwindung von Ängsten, taktile und akustische Wahrnehmung und Konzentration machen die Spielqualität dieser Vertrauensübung aus.

Ein Kind führt ein anderes am Unterarm vorsichtig durch den Raum. Das geführte Kind hat die Augen geschlossen.

1. Der »Blinde« wird an beiden Händen und mit sprachlicher Unterstützung durch den Raum geführt.
2. Der Blinde wird nur noch mit der Hand geführt (ohne Sprache).
3. Es besteht nur noch Kontakt über mehrere Fingerspitzen (die Partner stehen sich gegenüber).
4. Der Blinde wird durch einen Summton des vorangehenden sehenden Partners geführt.
5. Der Blinde geht allein durch den Raum. Der Sehende gibt seine Anweisungen deutlich von einer Raumseite aus.
6. Der Sehende läßt den Blinden bestimmte Gegenstände im Raum ertasten, an Blumen riechen und geleitet ihn über verschiedene Hindernisse wie Stühle und Tische.
7. Die Paare (Blinde und Sehende) tanzen und halten Kontakt mit den Händen. Auf ein Signal werden die Blinden von den Sehenden an andere Sehende weitergereicht.

8. Jetzt sind alle Spieler blind und bewegen sich im Raum. Sie ertasten ihre Mitspieler (Hände/Gesichter, Haare usw.).

Als Hindernisse können Bücher, kleine Kästen, Reifen und Bretter verwendet werden. Nun muß sich der blinde Spieler bemühen, möglichst wenig anzustoßen.

Nach 1 bis 2 Minuten wird gewechselt. Am Ende sprechen Kinder und Pädagogin über die gemachten Erfahrungen.

127. Was liegt auf deiner Hand?

Material: z.B. Ei, Kartoffel, Stein, Ball, Würfelzucker, Watte, Kamm, Bürste, Schwamm.

Einem Kind werden die Augen verbunden. Die Pädagogin legt ihm der Reihe nach 2 bis 5 Gegenstände auf die ausgestreckte offene Hand.

Das Kind muß raten, was es gewesen ist. Es darf dabei weder die andere Hand zur Hilfe nehmen noch die Fühlhand bewegen.

Für jeden richtig geratenen Gegenstand erhält das Kind einen Punkt. Sieger ist, wer am Schluß die meisten Punkte hat.

128. Tasttheke

Material: 10 kleine Schalen oder Becher, in die man hineingreifen kann (z.B. Joghurtbecher).

Zunächst sucht sich jedes Kind ein Tastmaterial und füllt es in einen Becher, so daß die anderen es nicht sehen. Dafür eignet sich so gut wie alles, was in Becher paßt: Erbsen, Bohnen, Linsen, Kieselsteine, trockener und feuchter Sand, Papierstücke, Wollfäden, Büroklammern, Korkstükke, »Bandsalat« einer ausgedienten Kassette, Sägespäne.

Reihum werden die Becher weitergegeben oder nebeneinander auf einem Tisch zur »Tasttheke« aufgebaut.

129. Tastsack

Material: 1 Stoffsack oder Kissenbezug, verschiedene Gegenstände (Spielautos, Steine, Bauklötze, Buch, Kamm, Muschel, Puppe usw.).

Die Pädagogin steckt verschiedene Gegenstände in einen Beutel. Jedes Kind darf in den Beutel greifen und die Dinge abtasten. Nach einer bestimmten Zeit geht der Beutel an den nächsten Mitspieler weiter. Wer hat alle Gegenstände richtig ertastet? Wie viele Gegenstände waren es?

Variationen:
1. Die Kinder »erfühlen« nacheinander im Tastsack verschiedenartige Spielzeuge (oder Gebrauchsgegenstände), beschreiben sie dabei und begründen ihre Vermutung.
2. Es befinden sich zwei gleiche Gegenstände im Sack. Das Kind muß durch Tasten das Paar herausfinden.
3. Ähnliche Gegenstände werden in den Sack gepackt, z.B. runde Dinge wie Apfel, Kugel, Ball, Ei oder längliche wie Löffel, Lineal, Bleistift ...

130. Griffige Zahlen

Material: 1 Turnbeutel, Zahlen aus fester Pappe.

Die Pädagogin schneidet aus starkem Pappkarton Zahlen aus und steckt sie in einen »Ratebeutel« (Turnbeutel). Das Kind greift hinein und versucht durch Befühlen herauszubekommen, um welche Zahl es sich handelt. Eine schöne Übung zur Unterscheidung von Formen, zum Erkennen und Verbalisieren des Ertasteten durch die älteren Kindergarten- bzw. Grundschulkinder.

131. Haushaltstast-Kim

Einem Kind werden die Augen verbunden. Dann legt ihm die Pädagogin der Reihe nach 3 bis 5 Gegenstände auf die ausgestreckte offene Hand. Das Kind muß raten, um welche Gegenstände es sich handelt. Es darf dabei weder die andere Hand zu Hilfe nehmen noch die Fühlhand bewegen. Als Materialien wählen wir Gegenstände aus dem Haushalt aus, z.B. Kamm, Bürste, Schwamm, Wäscheklammer, Teesieb, Gemüsereibe, Watte, Lappen, Löffel u.ä.

132. Schnurtasten

Material: eine ca. 8 bis 10 Meter lange Schnur, verschiedene Gegenstände (Bürste, Schlüssel, Tuch, Spielfigur usw.).

Die Pädagogin spannt kreuz und quer durch den Raum eine Schnur. Den Spielern werden die Augen verbunden. Sie müssen an der Schnur entlanggehen und daran befestigte Gegenstände (z.B. Schlüssel, Luftballon, Handschuh, Puppe usw.) ertasten. Es empfiehlt sich, eine etwa 8 Meter lange Schnur mit 6 bis 8 Gegenständen zu behängen.

Für neue Mitspieler werden die Gegenstände eventuell ausgetauscht oder in eine andere Reihenfolge gebracht. In einer zweiten Runde kann ein Gegenstand fehlen. Die Steigerung des Schwierigkeitsgrades erfolgt durch die erweiterte Zahl der Gegenstände.

133. Tastleiste

Material: Holzleiste mit aufgeklebten Tastmaterialien, Tuch.

Die Kinder ertasten mit verbundenen Augen auf einer »Tastleiste« verschiedene Materialien wie z.B. Seide, Cordsamt, Samt, Pappe, Sandpapier, Gummi, grobes Leinen, Schmirgelpapier, Leder u.a. Die verschiedenen Oberflächen sollen erkannt und beschrieben werden.

Variation: Wir bereiten Tastplattenpaare vor, die vom Kind mit geschlossenen Augen zusammenzustellen sind.

134. Fummelkiste

Material: 1 Kiste (Karton) mit einer oder zwei Handöffnungen, verschiedene Gegenstände.

Viele Gegenstände liegen in einer Kiste oder in einem Schuhkarton, der verschlossen ist und nur mehrere Handlöcher hat. Durch Tasten soll erraten werden, um was für Gegenstände es sich handelt. Der Karton kann als »Dauerreiz« im Raum verbleiben.

135. Armtick

Ein Kind entblößt seinen Unterarm und schließt die Augen. Ein zweiter Spieler tippt dessen Arm an. Der erste Spieler soll anschließend die gleiche Stelle ertasten. Gelingt es ihm?

136. Körperkontakte

Die Kinder reiben verschiedene Körperteile aneinander. Dies kann einzeln oder paarweise geschehen. Einige Anregungen für sich berührende Körperteile sind: Hand an Hand, Rücken an Rücken, Hand an Fuß, Fuß an Fuß, Hand an Ohr, Po an Po. Den Kindern fallen mit Sicherheit noch weitere lustige Kontaktmöglichkeiten ein.

137. Tastplatten-Mix

Material: siehe Spielbeschreibung.

Für dieses Spiel, eine Variante der »Tastleiste«, benötigen wir eine große Spanplatte. Die Kinder kleben darauf zahlreiche Gegenstände mit einer unterschiedlichen Oberflächenstruktur (z:B. Stoffe, Schmirgelpapier, Hölzer, Blech- und Plastikteile, Fell, Watte, Federn, Kork, Styropor usw.). Die Gegenstände können quer durcheinander oder gruppiert aufgeklebt werden, z.B. als glatte, rauhe, weiche oder harte Tastplastiken.

Die Kinder betrachten das Bild mit den Händen und beschreiben ihre wahrgenommenen Eindrücke. Die Augen sind dabei geschlossen.

138. Natur-Kim

Die Kinder erhalten ein Sammelgefäß (Schuhkarton) und sammeln selber Dinge, die in irgendeiner Form einen Zusammenhang zum Spaziergang (z.B. im Park zu Bäumen) haben: Eicheln, kleine Äste, Steinchen, Blätter ...

Wir breiten die Sachen auf einem Tuch aus, betrachten, befühlen und benennen sie. Nun setzen sich alle Kinder in den Kreis und schließen die Augen. Die Pädagogin gibt einem Kind einen Gegenstand vom Tuch zum Befühlen und eventuell zum Beschnuppern. Das Kind soll raten, um welchen Gegenstand es sich handelt; gelingt ihm das nicht, darf das nächste Kind raten.

139. Schultertest

Alle Kinder sitzen im Stuhlkreis. Während ein Kind mit geschlossenen Augen um den Stuhlkreis herumgeht, wechseln alle noch einmal die Plätze und setzen sich. Auf ein akustisches Zeichen bleibt der Suchende stehen und berührt den zunächst sitzenden Spieler an den Schultern und Armen. Findet er heraus, wer es ist?

140. Tastturnier

Material: verschiedene Tastutensilien; Tücher.

Bei dieser Spielfolge haben die Kinder mit verbundenen Augen verschiedene Aufgaben zu bewältigen:

1. Gefäße (Schüssel, Kanne, Teller, Trinkbecher, Krug, Tasse u.ä.) betasten und erraten.
2. Besondere Merkmale von Gegenständen sind zu ertasten (rund, spitz, hart, weich, lang, kurz usw.).
3. Mit verbundenen Augen einen Baukasten einpacken.
4. Schuhe sortieren (auch als Wettspiel möglich – 2 Kinder mit verbundenen Augen).
5. Die Kinder fädeln verschieden große Perlen auf.
6. Mit verbundenen Augen werden Nüsse sortiert (Hasel-, Wal-, Para-, Erdnüsse).
7. Verschiedene Obst- und Gemüsesorten müssen ertastet werden.

Wer bewältigt die gestellten Aufgaben am besten?

141. Strukturen und Formen

Material: Sandpapier, glatte Pappe, Stäbchen, Ringe.

Das Kind tastet über unterschiedlich strukturierte Flächen (z.B. glatte Pappe und Sandpapier). Verschiedene Formen können auf ein größeres Stück Pappe geklebt werden: rund, eckig, schmal, breit, kurz, lang. Das Kind befühlt, die Pädagogin hilft beim Klären der Begriffe.

142. Wer nicht fühlt, der hört

Material: runde, eckige, harte, weiche, glatte, rauhe, stumpfe und spitze Gegenstände; z.B. Bälle, Würfel, Bausteine, Schachteln, Holz, Glas, Stäbe, Wecker, Musikinstrumente.

Die Kinder sitzen im Kreis und haben die Augen geschlossen. Ein Kind betastet und befühlt mit geschlossenen Augen einen Gegenstand (z.B. eine Tasse), den es von der Pädagogin erhalten hat.

Die Oberfläche, Form und Klang- bzw. Geräuschmöglichkeiten des Gegenstandes werden vom Kind untersucht und den anderen Kindern beschrieben. Wie fühlt sich der Gegenstand an? Was für eine Form hat er? Wie klingt er, wenn man auf ihn schlägt? Die anderen Kinder – ebenfalls mit geschlossenen Augen – versuchen auf Grund der Beschreibung ihres Spielkameraden den Gegenstand zu erraten. Ein anderes Kind kommt jetzt an die Reihe.

143. Gefühlvolle Füße

Material: siehe Spielbeschreibung.

Das folgende Spiel wird beweisen, daß unsere Füße sehr sensible »Tastorgane« sein können. Zuvor besorgt die Pädagogin 10 bis 12 Teppichfliesen (40 x 40 cm groß). Auf diese Fliesen klebt sie unterschiedliche Materialien: Pappe, Stoff, Knöpfe, Fell, Baumrinde, Blätter, Büroklammern, Sand, Sägespäne und anderes mehr. Eine Fliese bleibt unbeklebt.

Jetzt betasten die Kinder die Materialien mit ihren Füßen – natürlich mit verbundenen Augen. So bewegt sich langsam eines nach dem anderen von Fliese zu Fliese. Wer eine Fliese mit seinen Füßen nicht ergründen kann, darf die Hände zu Hilfe nehmen.

144. Fühlparcours

Material: eine ca. 50 Meter lange Schnur und mit verschiedenen Materialien gefüllte Kartons oder Kisten.

Auf einer Spielwiese oder dem Kindergartengelände haben wir einen Fühlparcours hergerichtet. Jeder Besucher muß, sich an einem Seil haltend, das die Strecke säumt und der Orientierung dient, sich zum Ziel tasten. Die Augen sind geschlossen zu halten. Das Fühlen geschieht in erster Linie mit den Füßen. Schuhe und Strümpfe müssen also ausgezogen werden. Als Fühlmöglichkeiten bieten sich an: ein Karton mit grobem und einer mit feinem Kies, eine Kiste Schafwolle, Kartons mit Papierschnitzeln, Grassoden, feinem Meeressand, Styroporschnitzeln, ein dickes Tau und zum Schluß eine große Schüssel Matsch und eine große Schüssel Wasser. Der Fühl-Parcours läßt sich beliebig erweitern und variieren.

Die Kinder sollten auf ihre Entdeckungsreise mit einem großzügigen Abstand gehen und sich ruhig Zeit lassen. Je abwechslungsreicher der Parcours gestaltet ist, um so mehr Erlebnisse können die Kinder im Anschluß austauschen.

145. Stumme Nachrichten

Je ein Kind sitzt auf einem Stuhl, ein anderes stellt sich dahinter. Das stehende Kind übermittelt dem sitzenden eine Nachricht, indem es ihm mit den Fingern langsam Figuren, Buchstaben oder Zahlen auf den Rükken schreibt. Das sitzende Kind soll die »Zeichensprache« erraten. Das Spiel können wir auch im Kreis oder in Reihen durchführen. Dazu werden die Zeichen weitergegeben, bis sie beim ersten Kind wieder angekommen sind.

Variation: Es wird auf unterschiedliche Körperteile gemalt.

146. Hände drücken

Um Kraft, Gleichgewicht und Spannung geht es in diesem Spiel, bei dem sich zwei Kinder gegenüberstehen und ihre Kraft und ihr Gleichgewicht durch Druck über die Handflächen ausprobieren. Es soll vorsichtig ständiger Druck ausgeübt werden, keine ruckartigen Bewegungen. Anschließend gehen die beiden Spieler etwas auseinander und üben den gleichen Druck und Gegendruck aus, jedoch ohne daß sich die Handflächen berühren (Abstand ca. 5 cm). Die Kinder spüren die Spannung.

147. Hände hoch!

Material: 1 Geldmünze.

Für dieses Spiel benötigen wir ein Geldstück. Zwei Parteien sitzen am Tisch einander gegenüber. Ein Spieler aus einer Partei erhält ein Geldstück und gibt es unter dem Tisch einem der Mitspieler weiter.

Die Gegenpartei ernennt ein Kind zum Wortführer. Dieses sagt: »Hände flach!« Alle Kinder legen die Hände mit eingekniffenem Daumen – unter einem ist ja das Geldstück eingeklemmt – flach auf den Tisch. Dann: »Hände hoch!« Jetzt müssen die Hände hochgestellt sein, die Handrücken zur gegnerischen Partei gewandt, die Fingerspitzen auf dem Tisch. »Hände zur Faust!« Nun sind die Hände zu Fäusten geballt. In möglichst schnell folgendem Wechsel werden jetzt die drei Anordnungen gegeben. Dabei versucht derjenige, der kommandiert, ein Klappern zu hören oder das Geldstück zu sehen; vielleicht fällt es gar herunter. Dreimal darf er auf eine der Hände tippen. Ist die Hand jedesmal münzenlos, so hat die »Münzengruppe« gewonnen. Rollenwechsel.

148. Paradiesvogel

Material: buntes Papier, Schere, Tesafilm, Tuch.

Ein Kind wird zum »Paradiesvogel«. An seiner Kleidung befestigen wir mehrere ca. 10 cm lange Papierstreifen mit Tesafilm. Dann verbinden wir die Augen dieses Spielers und stellen ihn in die Raummitte. Ein Kind nach dem anderen versucht nun, dem bunten Vogel eine »Feder« wegzunehmen, ohne daß es dabei von ihm gehört oder berührt wird. Jeder hat für einen Versuch nur 30 Sekunden Zeit und darf nur eine einzige Feder wegtragen. Sobald sich alle Kinder abgelöst haben, kommt wieder das erste an die Reihe. Wer vom bunten Vogel erwischt wird, scheidet aus. Gespielt wird so lange, bis der Vogel alle Federn eingebüßt hat. Sieger ist, wer die meisten erbeuten konnte.

149. Doppelt gebeutelt

Material: 1 vorbereiteter Wäscheklammerbeutel, beliebige kleinere Gegenstände.

Ein Wäscheklammerbeutel, der sich umbinden läßt, ist von der Pädagogin so zusammengenäht worden, daß zwei Taschen entstanden sind. Links und rechts werden je 8 bis 12 gleiche Gegenstände (Bleistifte, Schrauben, Murmeln, Radiergummis, kleine Spielzeugautos, Büroklammern u.a.) hineingelegt. Die Kinder versuchen nun nacheinander, aus dem umgehängten Beutel blind die Gegenstandspaare herauszufinden.

150. Telegrafieren

Alle Kinder bis auf eines sitzen im Kreis. Sie fassen sich an den Händen. Nun beginnt eines im Kreis: »Ich schicke ein Telegramm an …« Es nennt ein im Kreis sitzendes Kind. Es »schickt« das Telegramm, indem es seinem rechten oder linken Nachbarn möglichst unauffällig die Hand drückt. Dabei sagt es: »Abgegangen.« Der Nachbar gibt den Druck an seinen nächsten Nachbarn weiter und so fort, bis der Druck – das Telegramm – den vorher genannten Empfänger erreicht hat.

Dieser sagt: »Angekommen.« Das in der Mitte stehende Kind hat die Aufgabe zu beobachten, wer das Telegramm gerade weitergibt. Ertappt es einen dabei, so muß dieser in die Kreismitte. Wenn ihm das nicht gelingt, muß derjenige, an den das Telegramm gerichtet war, ein neues abschicken.

151. Aus dem Koffer

Material: siehe Spielverlauf.

Die Pädagogin bringt einen Koffer. Aus ihm sollen mit geschlossenen Augen einzelne Gegenstände herausgenommen werden. Durch Tasten erraten die Kinder, um welche Gegenstände es sich handelt.

Es ist darauf zu achten, daß sich die einzelnen Dinge durch spezifische Gegebenheiten unterscheiden, z.B. Plastik (Puppe, Tier), Stoff (Stofftier, Puppe), Holz (Brett, Baustein), Baumfrüchte (Kastanie, Tannenzapfen). Zunächst sollte das Spiel nur mit wenigen und bekannten Gegenständen gespielt werden. Allmählich lassen sich dann auch differenziertere Gegenstände aus dem Koffer erraten.

152. Füßeln

Für dieses Wahrnehmungsspiel setzt sich jeweils ein Paar ohne Schuhe einander gegenüber in einem Abstand, daß sich ihre Füße berühren können. Mit geschlossenen Augen nehmen die Spielpartner über ihre Füße Kontakt miteinander auf.

Steigerung: Die beiden setzen sich im Schneidersitz einander gegenüber, schließen die Augen, nehmen vorsichtig Kontakt mit ihren Händen auf und erkunden so einander.

153. Mal mal!

Material: Karten, auf denen die Aufgaben beschrieben sind.

Die Pädagogin bittet die Kinder: »Malt mit verbundenen Augen ein Haus, ein Auto, eine Wiese, einen Baum, Sonne, Mond, Sterne, Wolken ... Bildet Dreiergruppen.« Ein Kind sitzt auf einem Stuhl und hält ein Blatt Papier in der Hand. Ein zweites Kind steht vor ihm. Das dritte steht dahinter. Es muß den zweiten Spieler durch Kommando (rechts, links, hoch, runter, langsamer ...) dazu bringen, etwas zu malen. Dazu ziehen die dritten Spieler Karten, auf denen die Aufgaben stehen.

154. Eine nasse Geschichte

Im Sitzkreis erzählt die Pädagogin den Kindern vom großen Regen, der kommt, und alle machen entsprechende Bewegungen und Geräusche mit:

- die Finger reiben auf der Handfläche,
- mit den Fingern schnalzen ... erst leise, dann lauter werdend,
- in die Hände klatschen,
- auf die Oberschenkel schlagen,
- auf die Sitzflächen des Stuhls trommeln ...

Allmählich hört der große Regen auf (alles wieder zurück).

155. Nähe spüren

Nina sitzt mit verbundenen Augen auf einem Stuhl. Es herrscht absolute Ruhe. Michael schleicht sich von hinten an Nina aus einigen Metern Entfernung heran. Nina läßt Michael so dicht wie möglich herankommen. Wenn sie glaubt und fühlt, daß Michael direkt hinter ihr ist, hebt sie eine Hand und Michael erstarrt. Wie dicht kommt er an Nina heran?

156. Mein Gesicht

Ein schönes, sensitives Spiel zur Hautwahrnehmung, für das sich die Gruppe in einen Stuhlkreis setzt. Jeder Teilnehmer sitzt mit leicht nach hinten fallen gelassenem Kopf auf seinem Stuhl. Die Hände liegen locker auf den Oberschenkeln. Die Spielleitung spricht mit ruhiger Stimme und läßt den Teilnehmern genügend Zeit, ihr Gesicht zu spüren und zu erleben.

Nacheinander gibt die Pädagogin folgende Anweisungen:

- Schließt eure Augen.
- Hebt langsam eure Arme, und streicht mit den Fingerspitzen über eure Stirn.
- Geht langsam über eure Augenbrauen, Augenlider und Wimpern zu eurer Nasenwurzel.
- Jetzt über die Nase und die Wangen langsam über die Lippen zum Kinn.
- Es geht weiter zu den Ohren. Wie fühlen sie sich an? Ihr fühlt eure Ohrmuscheln und die Ohrläppchen.
- Langsam geht es am Hinterkopf hinauf zu den Haaren. Erlebt, wie sie sich anfühlen.

Am Ende sprechen wir gemeinsam darüber, wie die einzelnen Gesichtsberührungen empfunden wurden und welche Wirkung vom Spiel ausging. Brillenträger nehmen vor Beginn des Spiels ihre Brille ab.

157. Nachempfinden

Ein sensibles Spiel für die größeren Kinder im Grundschulalter. Gespielt wird jeweils zu zweit. Ein Kind von jedem Paar stellt, setzt oder legt sich in einer ungewöhnlichen Körperhaltung hin. Das andere schließt zuvor die Augen. Es soll die Haltung des Spielpartners genau kopieren. Dazu muß es durch Tasten genau wahrnehmen, welche Haltung sein Partner eingenommen hat. Danach erfolgt ein Rollenwechsel.

158. Sensible Hände

Alle Kinder schließen ihre Augen, versuchen ganz ruhig zu werden und entspannen sich. Jeder streckt seine Hände nach vorn und geht langsam und vorsichtig durch den Raum. Hände, die ihm begegnen, betastet er. Gefallen sie ihm, bleibt er einige Zeit bei ihnen. Er betastet, befühlt, streichelt sie, reagiert auf sie … geht dann weiter, nimmt mit anderen Händen Kontakt auf, wobei die Augen stets geschlossen bleiben. Nach einigen Begegnungen öffnet jeder wieder die Augen. Wer in etwa weiß, mit welchen Spielern er in Kontakt gekommen war, kann mit diesen darüber reden, ihre Hände noch einmal betasten, jetzt jedoch mit offenen Augen.

159. Muskelspiele

Die Fähigkeit zur Bewegung ist eine der wesentlichsten Ausdrucksformen menschlichen Lebens. Körperliche Bewegungen werden durch unser Muskelgewebe ausgeführt. Bei dieser spielerischen Übung erleben die Kinder ihre Muskulatur als Bewegungsorgan.

Die Kinder liegen mit ausgezogenen Schuhen auf dem Teppichboden (oder auf einer Decke). Nacheinander werden verschiedene Bewegungsabläufe gemeinsam durchgeführt.

Die Pädagogin:

- Schließt jetzt eure Augen …
- Bewegt die Zehen, zuerst langsam und nun, als wolltet ihr etwas mit ihnen greifen.
- Streckt und beugt die Zehen.
- Laßt eure Füße kreisen, langsam nach außen und langsam nach innen.
- Beugt langsam eure Knie und streckt sie wieder.
- Grätscht langsam eure gestreckten Beine und führt sie wieder zusammen.
- Spannt einmal die Muskeln eures Pos, und jetzt laßt die Muskeln wieder los (entspannen).
- Jetzt spannt die Muskeln eures Rückens, indem ihr »Hohlkreuzbewegungen« macht.
- Bewegt nun die Muskeln eurer Schulterblätter … preßt sie zusammen und entspannt (laßt sie wieder los).
- Zieht langsam eure Schultern hoch bis zu den Ohren.
- Dreht euren Kopf langsam zuerst auf eine, dann auf die andere Seite.

- Bewegt euren Unterkiefer.
- Beißt die Zähne aufeinander.
- Bewegt langsam eure Zunge im Mund.
- Streckt die Zunge ganz weit heraus.
- Preßt einmal die Lippen fest aufeinander.
- Blast kräftig eure Wangen auf.
- Kräuselt eure Nase und entspannt sie wieder.
- Unsere Augen sind noch geschlossen. Rollt eure Augen. Spürt bei diesen Bewegungen die beteiligten Muskeln.
- Öffnet jetzt die Augen, und preßt sie dann einmal ganz fest zusammen.
- Wir schließen wieder die Augen.
- Führt nun eure ausgestreckten Arme so zusammen, daß sich die Handflächen berühren ... preßt sie fest aneinander ... spürt ihr die Muskelbewegungen ...?
- Hebt eure gestreckten Beine etwas vom Boden, und spürt, wie sich dabei eure Bauchmuskeln anspannen ... senkt jetzt die Beine wieder.
- Streckt eure am Boden liegenden Arme bis in die Fingerspitzen hinein ... laßt jetzt die Spannung wieder nach.
- Ballt eure Hände zu Fäusten.
- Beugt eure Arme, bis die Finger die Schultern berühren.
- Streckt wieder die Arme neben euch aus, und bewegt nun jeden Finger einzeln ... spürt bei diesen Bewegungen den Verlauf der Muskeln.
- Wir bleiben ruhig liegen und öffnen wieder die Augen.

Die Bewegungsfolgen sind variierbar. Dauer und Intention der spielerischen Übung richten sich nach dem Teilnehmerkreis.

160. Flüssigkeiten erfühlen

Material: siehe Spielbeschreibung.

Die Kinder können bei diesem Spiel bewußt erleben, daß sich auch Flüssigkeiten unterschiedlich anfühlen.

In verschiedene Glasschalen hat die Pädagogin unterschiedliche Flüssigkeiten gegeben: Wasser, Seifenlauge, Milch, Limonade, Öl ... Wer möchte sich die Augen verbinden lassen und tasten? Welche Unterschiede werden erlebt und benannt?

161. Sichtbarer Pulsschlag

Wie der Puls gefühlt wird, wissen schon viele Kinder. Aber daß man mit einem einfachen Trick den Pulsschlag auch sichtbar machen kann, wird für sie eine neue Erfahrung sein. Die Kinder erhalten ein Streichholz und eine Reißzwecke. Das Streichholz pieksen sie so auf der Reißzwecke auf, daß es senkrecht steht. Jetzt legt jedes Kind seine Hand mit dem Handrükken nach unten auf den Tisch und stellt die Reißzwecke auf die Stelle, wo es den Puls fühlen kann. Die Kinder erkennen, wie das Streichholz im Takt des Pulses vibriert.

162. Sichtbare Musik

Material: Tapetenkleister, Erdfarben (rot, gelb, grün), Tapetenreste, Tesafilm, Wachsdecken, Kassettenrecorder oder CD-Player mit rhythmusbetonter Musik.

Bei diesem taktilen Spiel mit Musik, Erdfarben und Tapetenkleister haben die Kinder die Möglichkeit, Musik wahrzunehmen und durch ihre Hände wiederzugeben. Die Kinder stehen in Kleingruppen um mehrere zu einem Quadrat zusammengestellte Tische herum. Zuvor hat die Pädagogin Schürzen ausgegeben, die Tische abgedeckt, große Tapetenbögen darauf festgeklebt und einen Kassettenrecorder oder CD-Player aufgestellt. Die Kinder dürfen in den vorbereiteten Tapetenkleister fassen. Wie fühlt er sich an?

Der Kassettenrecorder wird eingeschaltet. Die Kinder hören der Musik zu. Nach einer gewissen Einhörzeit wird das Gehörte durch Bewegungen auf den trockenen Blättern nachvollzogen. Jetzt wählen die Kinder ihre Lieblingsfarben. Die Kleister- und Farbverteilung wird von der Pädagogin vorgenommen. Die Musik wird wieder angestellt, und die Kinder beginnen zu malen. Dabei können sie die Finger oder die beiden Hände benutzen.

Als Musiken eignen sich z.B. Béla Bartók: Klavierstücke für Kinder; Wolfgang Amadeus Mozart: Eine kleine Nachtmusik; Robert Schumann: Kinderszenen; Antonio Vivaldi: Die vier Jahreszeiten.

Variation: Es lassen sich auch vom Kassettenrecorder abgespielte Geräusche wie Regen, Donner, Sturm u.ä. in ein Bild umsetzen.

163. Murmelmalerei

Material: Plakafarben, Kastendeckel (Schuhkarton, Pralinenschachtel), Glasmurmeln, Zeichenpapier.

Für unsere Murmelmalerei legen wir ein Zeichenpapier in einen Kastendeckel, geben eine oder mehrere Farben als Klecks darauf, setzen eine Kugel ein und lassen sie rollen. In einer ersten Experimentierphase können die Kinder verschiedene Farben erproben und an unterschiedlichen Stellen einsetzen (Mitte, Seite, Ecke). In der Gestaltungsphase lautet der Spielauftrag z.B.: Gib die Farben Rot, Gelb und Blau auf dein Blatt im Kasten, und lasse die Kugel (es können auch 2 sein) beliebig kreisen. Oder: Ziehe eine Farblinie am Kastenrand und lasse die Kugel immer an den gegenüberliegenden Rand prallen.

Je nachdem wie die Kugel geführt wird, entstehen Kreise, Karos, Schraffuren oder Zickzackmuster. Beobachtung, Bewegungskoordination, Entspannung und Experimentierfreude machen den Spielwert der Murmelmalerei aus.

164. Raumerkundung

Material: 1 großer Schaumstoffwürfel.

Die räumliche Orientierungsfähigkeit ist stark von visuellen Wahrnehmungen abhängig, zumal über die Augen räumliche Vorstellungen geschaffen werden. Daran beteiligt sind aber auch die weiteren koordinativen Fähigkeiten.

Spielerisch erfahren die Kinder die Ausdehnungen des Raumes, in dem sie

- sich in aufrechter Haltung fortbewegen = gehen, laufen, hüpfen, springen, sich drehen, steigen …
- sich am Boden fortbewegen durch Rutschen, Krabbeln, Kriechen, Robben, Rollen …
- Hände und Füße gleichzeitig und unabhängig voneinander gebrauchen
- das Körpergewicht verlagern, mit Gegenständen balancieren und Schwungbewegungen ausführen.

Bei allen genannten Grundbewegungsarten liefert der Muskelsinn Rückmeldung über die Lage des Körpers und stellt somit die Beziehung zum Raum und unseren Aktivitäten sowie zur Stellung im Raum her.

Als erweiterte Raumerfahrung können die dreidimensionalen Raumebenen und ihre Ausdehnung vermittelt werden. Hierfür setzt die Pädagogin einen Schaumstoffwürfel ein, mit dem die Kinder die Ebenen erfahren können. Anschließend übertragen sie die Erfahrungen in den Raum und in die Bewegung. Die Pädagogin: »Schaut euch die Flächen des Würfels genau an. Sie haben große Gemeinsamkeiten.« Im Spiel versuchen die Kinder herauszufinden, welche Flächen in die gleichen Richtungen ragen. Da stehen z.B. Flächen hoch (wir sagen »senkrecht«) = die Würfelseiten und die Wände des Raumes. Da liegen die Flächen (»waagrecht«) = die Böden, Decke und Oberseite. Die Kinder zeigen diese Flächen am Würfel und dann im Raum.

165. Im Rhythmus durch den Raum

Material: Handtrommel (eventuell).

Bei diesem Spiel werden die Hände als Klatschinstrumente eingesetzt. Die Kinder gehen frei durch den Raum, dann klatscht die Pädagogin einen beliebigen Rhythmus. Zum lauten Klatschen machen alle Kinder große, zum leisen Klatschen kleine Schritte. Wird langsam geklatscht, gehen die Kinder langsam, ist die Klatschfolge schnell, wird entsprechend schnell gegangen.

Variation: Bei lautem Klatschen gehen die Kinder laut aufstampfend durch den Raum, bei leisem Klatschen wird ganz leise (auf Zehenspitzen) gegangen.

Für das Klatschen wird die Stimme oder die Handtrommel eingesetzt.

166. Drachenschwanzfangen

Material: 1 Tuch, Sicherheitsnadel oder Tesaband.

Wir wollen einen Riesendrachen entstehen lassen. Dafür stellen sich möglichst viele Kinder hintereinander in einer Reihe auf und umfassen die Hüfte ihres vorderen Mitspielers.

Der riesige Drachen erhält an seinem Schwanz – es ist der letzte Mitspieler – ein Tuch befestigt, das der Kopf des Drachens ergattern muß. Das lustige Fangen kann beginnen, was nicht einfach ist, denn der Drachenschwanz bewegt sich im Zickzack, immer auf kurvigen Wegen.

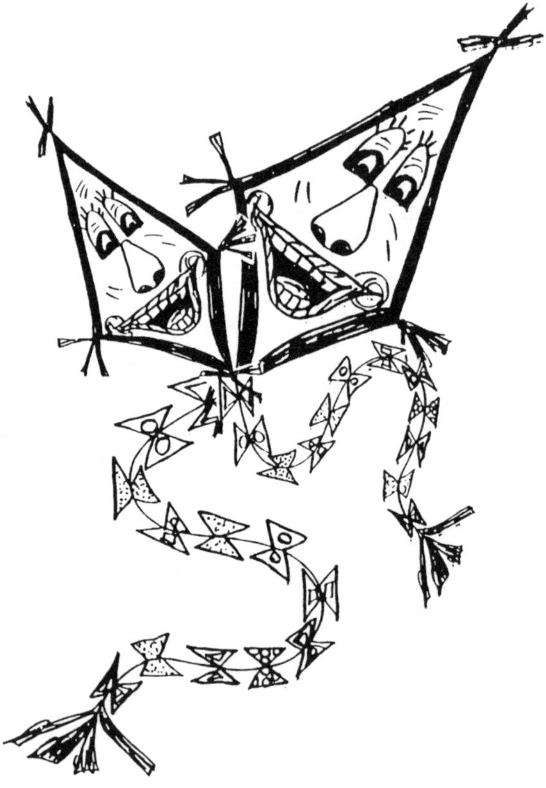

167. Über Tisch und Stuhl

Material: siehe Spielverlauf.

Wir bauen eine Hindernisbahn auf. Dabei können wir alle zur Verfügung stehenden Geräte einsetzen: Stühle, Tische, Bänke, Kästen, Seile …

Die Kinder können die Hindernisse auf frei gewählten Wegen durchlaufen, darübersteigen oder durchkriechen.

Variation: Es wird ein Parcours für alle verbindlich festgelegt.

Musikalische Orientierung: Die Kinder bewegen sich frei zu einem mit der Handtrommel oder durch Musik vorgegebenen Laufrhythmus. Stoppt die Musik, ruft die Pädagogin Anweisungen, wie z.B.: Alle Kinder laufen *zur* Bank (*unter* dem Tisch, Seil, Stuhl hindurch; *über* die Matte). Alle Kinder stellen sich *vor* »Fritz«, *hinter* »Gabi«, *neben* »Natascha« und *um* »Florian« herum.

168. Schwungtuchspiele

Material: Schwungtuch bzw. Bettlaken oder Wolldecke; leichte Bälle und Luftballons; Kassettenrecorder oder Musikinstrument.

Wir benötigen für unser Bewegungs- und Rhythmusspiel ein großes Schwungtuch. Die Kinder stellen sich gleichmäßig um das große Tuch herum und schwingen es in kurzen oder langen Wellen. Durch Musikbegleitung werden die Kinder zu neuen Bewegungsabläufen angeregt.

- Auf dem Tuch werden Bälle oder Luftballons verteilt, die vorsichtig zum Tanzen gebracht werden.
- Nur ein oder zwei Luftballons bleiben auf dem Tuch, diese werden möglichst hoch geworfen.
- Die Ballons dürfen nicht herunterfallen, wenn die Kinder rechts- oder linksherum gehen.

Variationen: Die Kinder hüpfen in eine vereinbarte Richtung und schwingen dabei das Tuch. Oder: Die Kinder bewegen sich nach einem bestimmten Rhythmus und finden dazu geeignete Laute.

Alle schwingen das Tuch hoch und setzen sich beim Herunterlassen innen auf den Rand des Tuches, so daß eine große Höhle entsteht. (Diese Übung eignet sich gut als kurze Ruhepause!)

169. Hüpfball

Material: mehrere große Hüpfbälle.

Hüpfbälle erfreuen sich bei Kindern besonderer Beliebtheit. Wir benötigen 3 große, mit Haltegriffen versehen Hüpfbälle. Jeweils 3 Kinder haben die Aufgabe, auf ihren Hüpfballons von einer Spiellinie zur anderen um die Wette zu hüpfen.

Variationen: Die Kinder springen im Zickzackkurs. Oder: Auf halber Bahnstrecke drehen sich die Kinder einmal mit dem Ball herum. Oder: Es wird um Hindernisse herumgehüpft.

170. Raschelpool

Material: siehe Spielbeschreibung.

Ein mit Styroporkugeln und -chips gefülltes Plastikschwimmbecken ist für die Kinder eine riesige Freude und zugleich ein intensives Tast-, Fühl- und Bewegungserlebnis.

171. Handabklatschen

Jeweils zwei Kinder stehen sich mit erhobenen Händen gegenüber. Sie beginnen langsam und werden nach jedem Spieldurchgang schneller. Wer verhaspelt sich zuerst?

1. Die eigenen Hände werden zusammengeschlagen.
2. Linke und rechte Handflächen gegen rechte und linke Handflächen des Partners schlagen.
3. Die eigenen Hände wieder zusammenschlagen.
4. Die rechte Handfläche schlägt gegen die rechte Handfläche des Partners.
5. Wieder werden die eigenen Hände zusammengeschlagen.
6. Die linke Handfläche schlägt gegen die linke Handfläche des Partners.
7. Der Vorgang beginnt von neuem.

Neben dem Bewegungsspaß für die Kinder werden zugleich Rhythmus, manuelle Geschicklichkeit und Reaktionsvermögen angesprochen.

172. Fliegen

Fliegen zu können aus eigenem Antrieb und ohne Hilfsmittel ... Diesen großen Traum der Menschheit können wir als Gefühl wenigstens für ein paar Sekunden vermitteln.

Je ein Kind stellt sich in einen offenen Türrahmen, streckt dabei die Arme aus und drückt sie kräftig gegen die Türpfosten. Nach etwa 30 Sekunden läßt das Kind los und tritt aus dem Türrahmen. Die Arme werden plötzlich leicht, und dem Kind ist, als würde es schweben.

Die Pädagogin erklärt: »Während du kräftig gegen die Türpfosten gedrückt hast, wurde in den Armmuskeln eine hohe Spannung erzeugt. Trittst du dann plötzlich aus dem Türrahmen und beseitigst damit die Ursache für die Muskelspannung, dann erscheinen dir die Arme sehr leicht, und du meinst zu fliegen.«

173. Balancieren

Material: 1 Besen, 2 Tabletts, mit Wasser gefüllte Joghurtbecher.

Die Kinder balancieren einen Besen oder eine lange Stange auf der Handfläche über eine vorher festgelegte Strecke. Je weiter der Schwerpunkt vom Balancepunkt entfernt ist, um so einfacher geht es.

Variation: Auf einem Tablett balancieren die Kinder mehrere mit Wasser gefüllte Joghurtbecher über eine Hindernisstrecke. Es können auch zwei gleich ausgestattete Kinder als Oberkellner um die Wette balancieren.

174. Schwebende Tücher

Material: mehrere Chiffontücher, Kassettenrecorder mit Musik.

Zu einer beschwingten Musik werfen die Kinder aus dem Lauf heraus ihr Chiffontuch in die Luft und halten es durch Blasen noch eine Zeitlang in der Schwebe.

175. Spaziergang im Sitzen

Die Kinder sitzen im Stuhlkreis. Alle vollziehen die Bewegungen der Pädagogin nach. Sie schlägt die Handflächen auf die Knie (Marschtempo) und beginnt eine Geschichte vom Spaziergang zu erzählen. Dabei geht es durch hohes Gras (Handflächen werden aneinandergerieben), über eine Holzbrücke (Fäuste schlagen gegen die Brust), und gewollt wird in eine Pfütze getreten (»Iih!«). Die Geschichte wird so weitererzählt, neue Bewegungen kommen hinzu. Am Schluß werden alle Bewegungen in umgekehrter Reihenfolge rasch wiederholt.

176. Ballonspiele

Material: Luftballons (mindestens 2 pro Kind).

Jedes Kind erhält einen Luftballon, bläst ihn nicht zu fest auf und knotet ihn zu. Die Pädagogin hilft den Kleineren. Allein probiert jeder für sich aus, was er mit seinem Luftballon alles spielen kann. Nach kurzer Zeit wird die Experimentierphase beendet, und die Pädagogin stellt verschiedene Spielaufgaben:

- Jedes Kind führt seinen Ballon mehrmals von einem Raumende zum anderen.
- Treffen zwei Kinder mit einem gleichfarbigen Ballon aufeinander, so tauschen sie diese aus.
- Bildet Gruppen aus 2 (3, 4, 6) Kindern, die gemeinsam mit ihren Ballons spielen.
- Zwei Kinder stellen sich Rücken an Rücken auf, klemmen sich einen Ballon zwischen die Schultern (zwischen die Stirn) und gehen von einem Raumende zum anderen.
- Wir versuchen, den Luftballon mit der Faust oder mit einzelnen Fingern in der Luft zu halten.
- Wir halten den Luftballon mit dem Kopf (mit dem Fuß, mit dem Knie) in der Luft.

Spielübungen mit dem Luftballon lassen sich an windfreien Tagen draußen auf dem Rasen durchführen.

177. Rücken an Rücken

Je zwei Kinder sitzen Rücken an Rücken auf dem Boden. Die Arme sind eingehakt. Dann ziehen sie die Knie an und stehen gemeinsam auf, indem sie die Rücken fest aneinanderpressen. Jetzt wird ein Spieler hinzugefügt und das Ganze zu dritt versucht. Immer mehr Spieler werden hinzugeholt.

Wie vielen Kindern gelingt es, gemeinsam aufzustehen?

178. Labyrinth

Die Kinder – bis auf zwei – stehen in mehreren Reihen hintereinander, die Arme ausgestreckt und sich an den Händen haltend. Zwei ausgewählte Kinder, Jäger und Gejagter, eilen durch die Gassen. Auf Kommando der Pädagogin »Rechtsum« – »Linksum« drehen sich die in den Reihen stehenden Kinder, fassen sich sofort wieder an den Händen – es ist der zuvor vor oder hinter ihnen stehende Partner – und erschweren so den Läufern vorwärtszukommen. Durch kluge Kommandos kann die Pädagogin den Gejagten vor dem Jäger schützen. Dieses Spiel ist besonders gut auf einer großen Rasenfläche durchführbar und bereitet allen viel Spaß.

179. Rhythmusspringen

Zwei Kinder spielen im Turnraum oder im Freien mit einem Ball. Ein Kind prellt den Ball in verschiedenen Rhythmen, das andere versucht, genauso zu hüpfen, wie der Ball prellt, d.h., es springt im gleichen Rhythmus hoch wie der Ball.

180. Knoten entwirren

Bei diesem Spiel bilden die Kinder einen Stehkreis und geben einander die Hand. Die Pädagogin macht auch mit und läßt einen scheinbar unentwirrbaren Knoten entstehen. Die Hände dürfen dabei nicht losgelassen werden. Durch Darübersteigen und Durchschlüpfen, mit etwas Geschick und Gelenkigkeit, löst sich der Knoten wieder in einen Kreis auf.

181. Objektspiele

Material: siehe Spielbeschreibungen.

- Ein Geldstück gleitet von Finger zu Finger, ohne daß es herunterfällt.
- Einen Stock zwischen die Knie klemmen, damit durch den Gruppenraum gehen und ihn einem beliebigen Mitspieler zwischen die Knie stecken, ohne daß er herunterfällt.
- Ein Turm aus übereinandergestapelten, leeren Blechdosen wird wei-

tergereicht, ohne daß er zusammenfällt. Stützen und Halten mit den Händen ist nicht erlaubt.
- Einen Tischtennisball von dem rechten Handrücken auf den linken balancieren und dann an einen anderen Spieler weitergeben.
- Ein Ring geht von Strohhalm (mit den Zähnen gehalten) zu Strohhalm.
- Mit dem Strohhalm wird ein Stück Papier angesaugt und weitergegeben.
- Eine Streichholzschachtel geht von Nase zu Nase.
- Wir geben einen Ball von Löffel zu Löffel weiter.
- Glasperlen (Tischtennisbälle, Knöpfe u.ä.) werden von Teller zu Teller weitergegeben.
- Mit verbundenen Augen eine Kette auffädeln (einen Baukasten einpacken).
- Eine Zeitungsseite (oder eine ganze Zeitung) muß mit den Füßen (barfuß) zerrissen werden. Die Fetzen sind mit den Füßen wieder aufzuheben und in einen Papierkorb zu befördern.
- Mit Streichhölzern (Zahnstochern/Mikadostäbchen) einen Turm bauen. Jedes Kind baut einen quadratischen Turm.
- Luftballons werden zwischen den Beinen (mit den Füßen) weitergegeben.
- Ein meterlanger Faden muß über zwei Finger gewickelt werden. Das nächste Kind muß ihn abspulen, indem es ihn auf seine Finger spult.
- Zwei Gefäße, eins mit Wasser gefüllt, das andere leer, werden weitergegeben. Ohne ein Tröpfchen zu verschütten, muß jeder das Wasser umgießen und die Gefäße weitergeben.

182. Mit Fuß und Becher

Material: je Kind 1 Pappbecher und 1 Pappteller.

Die Pädagogin stellt die Pappteller in einer Reihe nebeneinaner. Etwa 2 Meter von den Papptellern entfernt, stellen sich die Kinder ebenfalls in eine Reihe, möglichst nicht zu dicht, nebeneinander. Jetzt erhält jedes Kind 1 Pappbecher. Es muß versuchen, den Becher auf einem Fuß zum Teller zu balancieren und ihn langsam, ohne die Hände zu benutzen, auf den Teller zu legen. Je nach Geschicklichkeit der Kinder verringern oder vergrößern wir den Abstand und erlauben, die Schuhe auszuziehen.

183. Buchbalance

Material: ausrangierte Bücher, Kassettenrecorder oder Flöte.

Die Kinder legen sich ein Buch auf den Kopf und gehen damit vorsichtig im Raum umher, während eine Musik spielt. Verstummt die Musik, strekken die Kinder beide Arme aus und versuchen mit einem Knie den Boden zu berühren. Wem dabei das Buch vom Kopf rutscht, scheidet aus. Die anderen stehen bei Beginn der Musik wieder auf und balancieren das Buch von neuem. Wer behält sein Buch bis zuletzt auf dem Kopf?

184. Schneller Teller

Material: 1 Plastikteller, eventuell 1 Trommel (Klangholz).

Bei diesem Spiel nimmt das Kind Zeitordnungen wahr (langsam – schnell – langsam – kurz – lang).

Die Kinder sitzen im Stuhlkreis. Sie beobachten einen von der Pädagogin gedrehten Teller. Zuerst beginnt er sich leise zu drehen, wird dann beim Fallen immer schneller und lauter.

Der dynamische Ablauf wird von den Kindern klatschend begleitet. Eine Trommel kann auch eingesetzt werden. Der Reihe nach darf jedes Kind den Teller einmal drehen.

Variationen: Die Drehbewegungen des Tellers werden durch Klopfen oder Trampeln oder mit Hilfe einer Trommel begleitet.

Statt des Tellers kann ein Reifen gedreht werden.

185. Ballonartisten

Material: kurze Stöcke (Gymnastikstöcke) und Luftballons.

Die Kinder erhalten kurze Stöcke. Sie spielen sich nacheinander Ballons so zu, daß sie nicht auf dem Boden landen.

Variation: Die Kinder halten ihren Luftballon mit dem Kopf (mit dem Fuß, mit dem Knie) in der Luft und gehen um Hindernisse herum.

186. Turmbauer

Material: 1 große Kiste mit Holzbausteinen.

Wir bauen mit Bausteinen einen hohen Turm. Jedes Kind kommt einmal an die Reihe. Bei wem fällt der Turm um? Wer schafft es noch höher? Als reizvolle Variation können zwei gleich große Kinder um die Wette den höchsten Turm bauen.

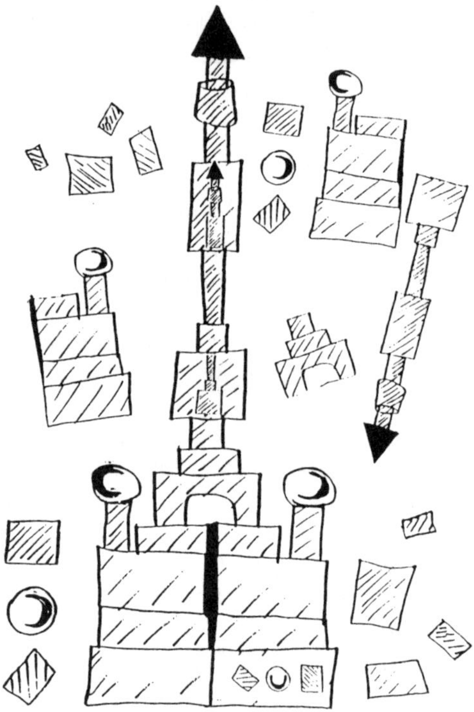

187. Knüllball-Balance

Material: Zeitungen.

Die Kinder erhalten ein Zeitungsblatt, das zu einer Kugel zusammengeknüllt wird. Der »Zeitungsknüllball« soll jetzt auf dem Handrücken (auf dem Kopf, den Schultern, auf dem rechten Fuß) durch den Raum getragen werden.

188. Propeller

Die Kinder stehen im (Turn-)Raum verteilt, ohne sich gegenseitig zu behindern. Welches Kind kann mit dem rechten Arm genauso schnell kreisen wie mit dem linken? Welches Kind kann gleichzeitig noch spazieren, laufen oder sogar hüpfen? Bei diesem Spiel muß sich das Kind stark konzentrieren, um seine Bewegungen differenziert auszuführen.

189. Kreisender Holzreifen

Material: Holzreifen, Bälle, eventuell Luftballons.

Wir spielen im Turnraum oder im Freien. Jeweils 2 bis 3 Kinder erhalten zusammen einen großen Holzreifen. Der Reifen wird angedreht, und die Kleingruppe läuft mit den Bällen (je nach Geschick) am Fuß führend, rollend oder dribbelnd um den Reifen herum. Dabei müssen die 3 Kinder immer dafür sorgen, daß der Reifen in Bewegung bleibt. Der Schwierigkeitsgrad erhöht sich, indem z.B. gleichzeitig versucht wird, einen Luftballon in der Luft zu halten.

190. Ballspiele

Material: mehrere Tennis- und Wurfbälle.

Spaß, Konzentration und Orientierungsfähigkeit stehen bei unserem kleinen Jonglierwettbewerb im Mittelpunkt.

Um sich gewandt zu bewegen, sind koordinative Einzelfähigkeiten notwendig. Je besser die koordinativen Fähigkeiten eingesetzt werden können, um so genauer, effektiver und ökonomischer kann die Bewegung gesteuert und ausgeführt werden.

1. Wer kann den hochgeworfenen Ball mit nur einer Hand fangen?
2. Welches Kind kann 2 Bälle gleichzeitig jonglieren?
3. Wer kann 2 Bälle nacheinander hochwerfen und wieder auffangen?
4. Wer kann einen Ball (2 Bälle) hochwerfen und vor dem Auffangen eine halbe oder sogar ganze Drehung ausführen?
5. Welches Kind kann einen Ball um verschiedene Hindernisse herumrollen oder pusten?

Eine freie Wand ist manchmal Partnerersatz. Der an die Wand geworfene Ball kommt schnell zurück. Es gibt eine Reihe spielerischer Übungen beziehungsweise »Ballproben«, die natürlich nicht nur allein, sondern mit einem Partner oder zu mehreren durchgespielt werden. Die Kinder wechseln sich dann jeweils ab.

Beispiele:

- Den Ball mit beiden Händen oder mit einer Hand an die Wand werfen, ihn dann auf den Boden aufprellen lassen und wieder auffangen.
- Den Ball mit der rechten Hand werfen und ihn nur mit der rechten Hand fangen.
- Den Ball mit der linken Hand werfen und ihn mit der linken Hand fangen.
- Den Ball mit beiden Händen werfen, in die Hände klatschen und den Ball mit beiden Händen fangen.
- Der Ball wird mit beiden Händen hinter dem Rücken gehalten und von da aus an die Wand geworfen und wieder gefangen.
- Mit der Faust, dem Unterarm, dem Kopf oder dem Knie wird der Ball ein oder mehrere Male gegen die Wand gestoßen.
- Den Ball unter dem rechten Knie hindurchwerfen, ihn mit der linken Hand fangen.
- Den Ball mit der linken Hand unter dem linken Knie hervorwerfen und ihn mit der rechten Hand fangen.
- Zuerst wird der Ball auf den Boden geprellt, dann soll er die Wand berühren, dann aufgefangen werden.

191. Wir entspannen

Material: siehe Spielverlauf.

Spannung und Entspannung sollen sich im Kindergartenalltag abwechseln.

- Die Kinder führen Bewegungen mit Unterbrechungen aus , z.B. gehen auf Zeichen, stehenbleiben, hinhocken, liegen, ganz leise laufen, auf Zehen stehen, ohne zu wackeln u.a.
- Vom Riesen zum Zwerg und umgekehrt: vom Hochzehenstand langsam zum Hockstand »kleiner werden«, dann vom Hockstand langsam wieder »hochwachsen«.

- Die Kinder fallen vom hochgestreckten Stand entspannt in den Hockstand.
- Ohne anzustoßen, wird leise zwischen Keulen, Reifen und Stühlen durchgegangen und -gelaufen.
- Nach Rhythmusvorgabe findet beim Gehen ein Wechsel von schnellen und langsamen Schritten statt.
- Die Kinder versuchen auf einen gemeinsamen Rhythmus zu kommen (langsame Schritte).
- Die Kinder balancieren auf aufgezeichneten Linien (z.B. Kreis, Schnecken- oder Schlangenform), auch auf liegenden Seilen, Holzreifen oder auf dem Schwebebalken.
- Bei langsamem Vorwärtsgehen werden Gegenstände auf dem Kopf balanciert.
- Die Gruppe teilt sich in Paare auf. Ein Kind hat die Augen geschlossen, das andere Kind führt. Nach einiger Zeit werden die Rollen gewechselt.

Die Übungen lassen sich nach Bedarf und Situation beliebig variieren.

192. Fallende Tücher

Material: Tücher (oder Papierblätter).

Für dieses beruhigende Spiel liegen Tücher im Raum verteilt, die einzeln von den Kindern hochgeworfen werden. Das Fallen beobachten die Kinder ruhig, bevor sie zu einem anderen Tuch gehen und das Spiel wiederholen.

Nach einigen Versuchen ahmen die Kinder die Bewegungen der zu Boden fallenden Tücher nach (z.B. durch Hochspringen und langsames Zu-Boden-Gleiten).

193. Schwingen und schaukeln

Material: siehe Spielbeschreibung.

Schaukelnde und schwingende Geräte sind für Kinder von hohem Aufforderungscharakter. Sofern keine Schaukel und Wippe vorhanden sind, können wir im Turnraum mit geringem Aufwand schnell einige »Geräte« konstruieren, mit deren Hilfe sich die Kinder entspannen können:

- Ein fest angebundenes Schwungtuch oder eine Hängematte sind eine gute Rückzugsmöglichkeit für die Kinder.
- Eine Matte rollen wir in 2 oder 3 Reifen. Die Kinder können darin schaukeln oder rollen.
- Eine Matte wird auf einen LKW-Schlauch gelegt. Ein Kind kann sich darauf bewegen oder von einem Spielpartner bewegt werden.

194. Körperreise

Material: Decken oder Turnmatten.

Die Kinder liegen ruhig und entspannt auf einer Unterlage auf dem Rükken.

Es werden kurze Phantasiereisen durch den Körper unternommen. Dabei nennt die Pädagogin den Kindern einen Körperteil, auf den sie sich konzentrieren sollen.

Einige Beispiele:

- Atmet ruhig aus und ein.
- Hebt die Arme, und laßt sie entspannt auf den Bauch fallen.
- Streckt die Beine hoch, laßt dann die Unterschenkel entspannt fallen (in den Knien dabei einknicken). Es findet ein mehrfacher Wechsel von Strecken und Entspannen statt.
- (Die Kinder liegen auf dem Bauch.) Streckt die Arme und Beine entspannt von euch.
- Legt euch auf die Seite mit entspannten Armen und Beinen. Rollt von einer Seitenlage in die andere …

Die Übung läßt sich beliebig erweitern und variieren.

Spielmittel und Medien zur Wahrnehmungsförderung

Die folgenden Stichworte verstehen sich als Impulse für den Einsatz von Spielmitteln, Materialien und Medien zur gezielten Wahrnehmungsförderung in Kindergarten und Grundschule. Bei der alphabetischen Auflistung, die keinen Anspruch auf Vollständigkeit stellt, sind sowohl Materialien für intensive Seh- und Hörreize berücksichtigt als auch Mittel zur Förderung des Geruchs-, Temperatur- und Wärmesinns, Tast- und Muskelsinns aufgeführt.

Wenn nicht schon in Ihrer Einrichtung vorhanden, bieten nahezu alle namhaften Spiel- und Lernmittel-Vertriebsgesellschaften die nachstehenden Spiel- und Arbeitsmittel an. Eine Reihe von Materialien läßt sich auch gemeinsam mit den Kindern anfertigen.

A
Allgemeines Zeichenlotto
Angelspiele
Anziehpuppen
Aquarellfarben
Arbeitsblätter mit speziellen optischen Wahrnehmungsaufgaben
Arbeitsplatzlotto
Aufschnürperlen
Augenwürfel
Autos

B
Bälle
Balanciergeräte
Bastelbücher
Baubecher
Baudosen
Baufix
Baukästen
Bausätze
Bausteine
Biegekette
Biegestab
Bilder Abc
Bilderlotto
Bildtafeln
Blumen (in allen Varianten und Duftnoten)
Bücher
Bunte Ballons
Buntstifte

C
Cassetten
Cassettenrecorder
Color Domino

D
Deckfarben
Diareihen
Differenzierungsbrett

Dominopuzzles
Drehrassel
Drehstab
Dreiklang
Druckkästen
Durchsteckleiste

E
Einkaufsspiel
Einlegebretter
Einlegepuzzles
Einsteckkasten
Eisenbahnen und Zubehör
Endlospuzzle
Experimentierlupen

F
Fädelfiguren
Fädelperlen
Fädelspiele
Fahrzeugdomino
Fahrzeuge (Roller, Tretauto)
Farben
Farbendomino
Farben und Formen
Farben- und Formwürfel
Farbenscheibenbrett
Farbtafeln
Feinmotorischer Übungssatz
Felltiere (bzw. Plüschtiere)
Figurensatz
Fingerspielfiguren
Fingertip
Formenbretter
Formenspiele
Fotoapparate (einfachste Ausführung)
Fröbel-Pyramide
Frotteeball
Frotteewürfel
Frühförderungskoffer

G
Gartendomino
Gartengelände (für Seh-, Riech-, Schmeck- und Tasterlebnisse)
Gehörschulung
Geometrische Formen
Geräuschdosen (mit Kindern selbst herstellen)
Gesellschaftsspiele
Gewichteset
Glasmurmeln
Glockenrassel
Glöckchenkette
Greifautos
Greifbälle
Größenformen
Großbauelemente
Großer Irrgarten
Gummiringe
Gymnastikbälle
Gymnastikgeräte

H
Haarbürste
Häuserbausteine
Handspielfiguren
Handtrommeln
Holzbauelemente
Holzfiguren
Holzkonstruktionsbausätze
Holzperlen
Holzpuzzles
Holztiere
Hüpfbälle

I/J
Instrumente (z.B. Orffsches Instrumentarium oder zusammen mit den Kindern selbstgefertigte Geräuschequellen und -instrumente)
Jahreszeitenpuzzle
Jojos

K
Kartenspiele
Kasperlepuppen
Kasperletheater
Kasse
Kassetten
Kassettenrecorder
Kegelspiel
Klappern
Kleines Schlagwerk
Kleinfahrzeuge

Kletterclown
Klingende Stäbe
Knobellatte
Konstruktionsbauspiele
Kreisel
Kubus und Scheiben
Kugelbahnen
Kugeln

L
Labyrinthe
Legemosaik
Legeringe
Legestäbe
Lego
Leiterspiel
Leselernspiele
Lesetrainer
Liederbücher
Linolschnittfarbe
Logopädische Arbeitsmappen
Lottos
Lupen

M
Märchenbücher
Märchenkassetten oder -CDs
Magnetkonstruktionsspiele
Magnettafeln mit entsprechenden Magnetarbeitsmitteln
Malkittel
Maltafeln
Malutensilien
Materialschalen
Maxipuzzles
Memorys
Mengenbilderlotto
Mengendomino
Mengenspiele
Mengenuhr
Mensch ärgere dich nicht
Metallophone
Montessori-Material
Mosaikspiele
Motorikkoffer
Muggelsteine
Murmeln
Musikspielwerk

N
Nachziehspielzeug
Nähmaschine
Nagelmaterial
Naturmaterialien (in allen Varianten)
Noppenbälle
Nopper

O
Orff-Instrumentarium

P
Packeselspiel
Pauken
Perlen
Plakafarbe
Plüschbälle
Plüschtiere
Puppen und Zubehör

Q
Quaderbaukästen
Quartette
Quietschbälle
Quizdias

R
Rasseln
Rechenmaterial
Reifen
Reversispiel
Rhythmikinstrumente
Rhythmikkoffer
Richtungspfeile-Lotto
Riechdosen
Riesenpuzzles
Roller

S
Sandpapierzahlen
Sandsäckchen
Sandspielzeug
Sandtisch
Schablonen
Schallplatten (soweit noch vorhanden)
Schaukelpferd
Schaumgummi in verschiedenen Größen

Scheren
Schlag- und Kopfspiele
Schreibmaschine (möglichst eine robuste, manuelle Maschine)
Schubkarren
Schulgarten (für Sinneswahrnehmungen jeglicher Art)
Schwereblock
Signalwörterlotto
Sortierspiele
Sortierwalzen
Spielgeld
Spielhaus
Spielkisten (z.B. große Umzugkartons)
Spielspiegel
Spielzelt
Springseile
Steckenpferde
Steckrosetten
Steckspiele
Stempelkasten
Stopselhölzer

T
Tafel
Tamburin
Tastmaterial
Temperafarben
Thermometer
Tierdominos und -lottos
Tierpuzzles
Trampolin
Trinkbecher
Trommeln
Turngeräte und -materialien

V
Verkehrskiste
Verkehrszeichenlotto

W
Waagen (eventuell verschiedene Ausführungen)
Wachsmalstifte
Wackelclown
Wahrnehmungsliteratur (zur eigenen Weiterbildung)
Walzensteckspiel
Webrahmen
Wer kennt die Uhr?
Windräder
Winkelbausteine
Wörter sprechen, Laute hören (Sprachförderung)
Würfel und Würfelbecher
Würfelpyramide
Wurfbälle
Wurfringe
Wurfspiele

Z
Zahlendomino
Zahlenlotto
Zahnradspiel
Zauberkasten
Zauberschnur
Ziegelbausteine
Ziehtau
Zirkusutensilien (Verkleidungskiste mit Perücken, Zauberstäben, Schminke u.ä.)
Zuordnungsdiagramm
Zylinderblöcke

Spielzeuge bzw. Mittel oder Medien zum Spielen können alles sein, womit sich das Kind in sein Spiel vertieft. So kann es z.B. mit Naturmaterialien wie Steinen, Baumrinde, Zweigen und Sand, mit zweckentfremdeten Haushaltsgegenständen und Verpackungsmaterial ausdauernd und konzentriert spielen und eine Fülle von Wahrnehmungsreizen aufnehmen und verarbeiten. Um dem in der Regel sehr phantasievollen Vorschul- und Grundschulkind gerecht zu werden, sollten wir ihm immer wieder Materialangebote machen, die genügend Raum zur Interpretation und Veränderung lassen.

Spieleverzeichnis

Literaturverzeichnis

Ayres, A.J.: Bausteine der kindlichen Entwicklung. Die Bedeutung der Integration der Sinne für die Entwicklung des Kindes. Berlin/Heidelberg 1984

Bielefeld, J.: Körpererfahrung. Göttingen 1986

Brandt, P./Thiesen, P.: Umwelt spielend entdecken. Weinheim ²1993

Dreier, A.: Was tut der Wind, wenn er nicht weht? Begegnung mit der Kleinkindpädagogik in Reggio Emilia. Weinheim 1993

Ertel, S. u.a.: Gestalttheorie in der modernen Psychologie. Darmstadt 1975

Evers, M. (Hrsg. P. Thiesen): Das Spielgruppenbuch. Weinheim 1994

Feldenkreis, M.: Bewußt durch Bewegung. Frankfurt a.M. 1978

Gibson, J.J.: Die Sinne und der Prozeß der Wahrnehmung. Bern 1973

Gibson, J.J.: Wahrnehmung und Umwelt. Weiheim 1982

Gregory, R.L.: Auge und Gehirn. Frankfurt a.M. 1972

Holzkamp, K.: Sinnliche Erkenntnis. Frankfurt a.M. 1973

Kiphard, E.J.: Mototherapie Teil I und II. Dortmund 1983

Klampf-Lehmann, I.: Der Schlüssel zum besseren Gedächtnis. München 1986

Kohnstamm, R.: Praktische Kinderpsychologie. Bern/Stuttgart ³1990

Krech, D./Crutchfield, R.S. (Hrsg.): Grundlagen der Psychologie. Bd. 2: Wahrnehmungspsychologie. Weinheim 1985

Krempien, C. (Hrsg. P. Thiesen): 50 Bildnerische Techniken. Weinheim ²1993

Legewie, H./Ehlers, W.: Knaurs moderne Psychologie. München 1986

Murch, G.M./Woodworth, G.L.: Wahrnehmung. Stuttgart 1978

Pauli, S./Kisch, A.: Was ist los mit meinem Kind? Bewegungsauffälligkeiten bei Kindern. Ravensburg 1992

Poeck, K.: Klinische Neuropsychologie. Stuttgart 1982

Sinnhuber, H.: Optische Wahrnehmung und Handgeschick. Dortmund 1983

Springer, S./Deutsch, G.: Linkes – rechtes Gehirn. Funktionelle Asymmetrien. Heidelberg 1987

Thiesen, P.: Arbeitsbuch Spiel. Für Kindergarten, Hort, Heim und Kindergruppe. München/Köln ⁸1994

Thiesen, P.: Die gezielte Beschäftigung im Kindergarten. Freiburg ⁸1995

Thiesen, P.: Konzentrationsspiele für Kindergarten und Hort. Lebendige Förderung ohne Dressur und Streß. Freiburg ²1994

Thiesen, P.: Kreatives Spiel mit Kindern, Jugendlichen und Erwachsenen. München/Köln ⁴1994

Thiesen, P.: Das Montagsbuch. Ein Arbeitsbuch zur Überwindung des »Montagssyndroms« in Kindergarten, Hort und Grundschule. Weinheim ²1993

Thiesen, P.: Klassische Kinderspiele. Weinheim 1993 und 1994
Ulich, D.: Das Gefühl. München ²1989
Velden, M.: Die Signalentdeckunstheorie in der Psychologie. Stuttgart 1982
Vester, F.: Denken, Lernen, Vergessen. Stuttgart 1978
Witting, W.: Einführung in die Psychologie der Wahrnehmung. Hamburg 1976
Zimmer, R.: Motorik und Persönlichkeitsentwicklung bei Kindern im Vorschulalter. Schorndorf 1981